历史的

史的

丰碑

丛书

文学艺术家卷

电影"导演之王"
黑泽明

郭慧萍　于长茹　编著

吉林人民出版社

图书在版编目（CIP）数据

电影"导演之王"——黑泽明 / 郭慧萍，于长茹编
著．— 长春：吉林人民出版社，2011.4（2021.8 重印）
（历史的丰碑丛书）
ISBN 978-7-206-07621-3

Ⅰ．①电… Ⅱ．①郭… ②于… Ⅲ．①黑泽明
（1910 ~ 1998）—生平事迹—青年读物②黑泽明（1910 ~
1998）—生平事迹—少年读物 Ⅳ．① K833.135.78

中国版本图书馆 CIP 数据核字 (2011) 第 037486 号

电影"导演之王" 黑泽明

DIANYING "DAOYAN ZHIWANG" HEIZEMING

编　　著：郭慧萍　于长茹
责任编辑：王　丹　　　　封面设计：孙浩瀚
制　　作：吉林人民出版社图文设计印务中心
吉林人民出版社出版 发行（长春市人民大街7548号 邮政编码：130022）
印　　刷：北京一鑫印务有限责任公司
开　　本：787mm×1092mm　　1/16
印　　张：8　　　　字　　数：72千字
标准书号：ISBN 978-7-206-07621-3
版　　次：2011年4月第1版　　印　　次：2021年8月第2次印刷
定　价：35.00 元

如发现印装质量问题，影响阅读，请与出版社联系调换。

编者的话

欲知大道，必先为史。

回溯人类的足迹，人们首先看到的总是那些在其各自背景和时点上标志着社会高度和进步里程的伟大人物。他们是历史的丰碑，是后世之鉴。

黑格尔说："无疑，一个时代的杰出个人是特性，一般说来，就反映了这个时代的总的精神。"普希金说："跟随伟大人物的思想是一门引人入胜的科学。"

以史为鉴，面向未来。作为21世纪的继往开来者，我们觉得，在知史基础上具有宽广的知识结构、开阔的胸襟和敏锐的洞察力应是首要的素质要求，而在历史的大背景中追寻丰碑人物的思想、风范和足迹，应是知史的捷径。

考虑到现代人时间的宝贵，我们期盼以尽量精短的篇幅容纳尽量丰富的信息，展现尽量宏大的历史画卷和历史规律。为此，我们编撰了这套丛书。

编撰丛书的过程，也是纵览历代风云、伴随伟人心路、吸收历史营养的过程。沉心于书页，我们随处感受着各历史时期伟大人物所体现的推动历史进步的人类征服力量。我们随着伟人命运及事业的坎坷与辉煌而悲喜，为他们思想的深邃精湛、行为的大气脱俗而会意感慨、拍案叫绝。

然而，在思想开始远游和精神获得享受的同时，我们也随之感受到历史脚步的沉重和历史过程的曲折。社会每前进一步都是艰难的，都伴随着巨大的痛苦和付出。历史的伟大在于它最终走向进步，最终在血污中诞生了鲜活的"婴孩"。

历史有继承性和局限性，不能凭空创造。伟人也有血肉，他们的思想、行为因此注定了同样具有历史的局限性和阶级的、时代的烙印；他们的功业建立于千千万万广大人民群众伟大创造的基础上。历史是人民群众创造的，伟大的人物们是历史和时代造就的。同时，我们也无法否定此间他们个人的努力。这也正是我们编撰这套丛书的目的。

我们期盼着这套丛书得到社会的认同，对读者，特别是青少年读者之历史感、成就感和使命感的培养有所裨益。史海浩瀚，群星璀璨。我们以对广大青少年读者负责的精神，精心遴选，以助力青少年成长进步，集结出版了《历史的丰碑》系列丛书，敬请读者批评、指正。

历史的丰碑丛书

编 委 会

策 划： 胡维革　吴铁光
　　　　 林　巍　冯子龙
主 编： 胡维革　邢万生
副主编： 贾淑文　谷艳秋
编 委： （按姓氏笔画为序）
　　　　 于二辉　刘士琳
　　　　 刘文辉　孙建军
　　　　 李艳萍　吴兰萍
　　　　 杨九屹　隋　军

黑泽明是日本著名电影导演兼电影剧作家，他以其名片《罗生门》在威尼斯国际电影节上获得大奖而引起世界影坛的注目。这部影片不仅为日本电影登上世界影坛起了先锋作用，也为东方电影闯入国际影坛创立了不朽的功勋。此后，他更以"要像魔鬼那样细心，要像天使那样大胆"的创新精神，不倦地探索，创作了《活着》《七武士》《蛛网宫堡》《红胡须》《影子武士》《乱》等经典影片而蜚声国际影坛，被誉为日本"电影天皇"。

　　黑泽明自1943年独立执导第一部影片以来，在50余年的导演生涯中共拍摄了30余部影片，其中大部分在国际上获得大奖，是国际公认的当今世界十大著名导演之一。黑泽明是东方第一个也是唯一的将西方传统文化精粹移植于东方文化土壤中的电影导演，为沟通东西方文化道路，促进世界电影文化交流，做出了卓越的贡献，因此他又被称为"世界的黑泽明"。

目　录

历史的丰碑丛书

少年时期

> 学习带来的利润就是成为善良、聪明的人。
>
> ——蒙　田

清晨，东方未明，东京江户川岸边的路灯还亮着，一个身材瘦小的少年，独自踏出木屐的响声，匆匆地走在大道上。他身穿日式长褂、裙裤，脚蹬粗齿木屐，肩杠竹刀，刀上挑着剑道用具，俨然一个剑客。他是黑田小学五年级的学生黑泽明，要在早晨上学前，往返2小时40分的路程，到落合道场

→儿时的黑泽明

做一个多小时的晨课，并顺路参拜八幡神社。这对于12岁的孩子来说是多么辛苦的事啊！可是他硬是咬牙坚持了两年。看他那副神气的样子，谁能想出他初上小学时的样子呢？

黑泽明明治四十三年（1910年）三月二十三日生于东京府荏原郡大井町1150番地，一个军人出身的中学体育教师家里。

大正五年（1917年），7岁的黑泽明成了森村小学一年级的学生，可他智力发育迟缓，对老师说的事根本不懂。老师把他的课桌放在一边，当作特殊的学生对待。上课时老师常常挖苦他说："这个，黑泽君大概不懂吧？""这对黑泽君来说，那是很难回答的啦。"惹起同学们的嘲笑。早晨上朝会，老师一喊立正口令，他就会紧张得昏倒。

二年级下学期，他因搬家转到黑田小学学习。令人吃惊的是，这两所学校从校舍到学生的衣着发式都截然不同。森村小学的校舍是涂着白漆的洋房，而黑田小学则是粗陋的木结构房屋；森村小学的学生都穿精制的西装、皮鞋，而黑田小学的学生却穿和服、木屐；森村小学的学生背着皮书包，黑田小学的学生提着帆布包；森村小学的学生都留发，而黑田小学的学生都剃着光头。在纯粹日本风俗的集体中，突然来了

一黑泽明是兄弟中的老末

个留着长发、穿着西装、短裤、皮鞋，呆头呆脑、面色苍白如同女孩的学生，大家都很好奇。他立刻成了大家取笑的对象。有的同学揪他的头发，有的同学捅他的书包，还有的同学往他西装上抹鼻涕，弄得他哭了好几次。大家见他是个爱哭的家伙，就给他起了一个绰号"酥糖"。

三年级时他的智力开始迅速发展，学习成绩突飞猛进，改掉了爱哭的毛病，"酥糖"的称号渐渐没人叫了；四年级时他当上了班长；五年级，他的剑道又大有长进，升为副将，常以少年剑客自居。

一次，他从道场回家，走到江户川桥附近，有七八个外校六年级的学生聚在一起，拿着竹刀棍棒不怀好意地盯着他。他不由得停住脚步，稍稳了稳神，就大摇大摆地走过去。等他走过去，那些孩子从后面动手了。黑泽明没有逃跑，而是取下竹刀，拉开了架势。他像在道场练习一样，用竹刀猛砍着，还大声喊着要砍的地方："你的脸!""前胸!""手!"还没有拿出

"刺"这一招（因为这一招太危险），就把那些孩子打退了。但他也有一个不小的损失，把爸爸奖励给他的一副黑色护胸的剑道用具丢失了。

黑泽明能在一二年的时间里迅速地成长起来，除自己的智力有了飞速的发展外，有三种力量促进了他的成长。其中之一便是黑田小学的班主任老师——立川清治先生。

立川老师是黑泽明的班主任兼美术课教师，他注意培养学生的自信心、学习兴趣和想象力，对智力发展缓慢、性格乖僻的学生多方庇护。在他的教诲下，黑泽明由一个讨厌上课的迟钝学生，变成了胸挂金章、昂首挺胸的班长了。

他第一次产生自信心是在立川老师的美术课堂上。

← 剑道比赛瞬间

一次，立川老师上美术课没给确定题目，让学生随意画自己喜欢的东西。黑泽明和大家一起认真地画起来，他先用铅笔打稿，涂上色后还用手指沾着唾液涂匀。

立川老师把大家画完的画一张一张地贴在黑板上，让学生们自由地发表观感。当时大家以为画得活灵活现才是好作品，所以当展示黑泽明的作品时，全班一阵哄堂大笑。然而立川老师严肃地指着他用手指涂抹颜色的部分，大加赞扬，并在他的画上打了最高分——三个红圈。

还有一次手工课，使他久久不能忘怀。

上课了，立川老师扛着一大捆厚纸进了教室。老师摊开那卷厚纸，原来是一张平面图，上面画着许多道路。老师让大家在道路两旁画上房屋，喜欢什么样的就画什么样的，自己创造一条街。同学们都认真地画起来。每个人都有自己的好主意，不仅画了自己的家，还画了树、花、草和开着花的树篱等等。

这样，老师把孩子们的个性很巧妙地诱发起来，画出了一条条漂亮的街道。同学们围着这张平面图，眼睛无不闪着光彩，脸颊绯红，引以为自豪地望着自己的那条街。

从那以后，黑泽明喜欢图画课了，而且也越画越好，并立志要做个画家。与此同时，其他课程的成绩也很快地提高了。

然而，两年后，这位以全新的教育方法和创造精神从事教育的立川老师，同石头脑瓜的校长发生了正面冲突，他辞职了。

老师辞职后的一段日子里，黑泽明天天到老师的家里，接受老师尊重个性的自由教育。在那里他读了许多古典文学作品，受到了良好的熏陶。这为他以后的发展，奠定了难得的基础。

另一个帮助他成长的力量，是丙午哥哥。

黑泽明是家中最小的一个，他有4个姐姐和3个哥哥。大姐的孩子和他同岁；大哥也比他大好多岁，他记事时大哥已离家自立门户，很少见面；二哥在他出生前就病死了。所以和他生活在一起的只有三哥丙午和3位姐姐。

丙午哥比他大4岁，和他一起转入黑田小学读高年级。哥哥是个秀才，学习成绩出类拔萃，六年级时在全市统考中名列榜首，很受大家的重视。

上学时哥俩并肩而行。一路上哥哥总是慢声细语

地训斥他，没完没了，并不准他回家告状。可是每当他下课后受到欺负时，哥哥一定及时赶上前来，把他叫走，对那些人则理也不理。时间一长，他渐渐明白了哥哥的用意，对哥哥的挖苦和训斥也认真听下去了。

三年级暑假，父亲让他学游泳。从小受娇宠的黑泽明怕水，就是不敢下去。结果，下到仅及肚脐深的水里，就费了好几天的工夫，弄得教练大为恼火。那时哥哥已经游得相当好了。他们一到游泳池，哥哥就急忙朝竖在河中间的跳水台游去，回家之前连面也不着。他只好跟初学者在一起，抓着浮在水里的大圆木，提心吊胆地练习用脚打水。

有一天，哥哥划来一只小船，黑泽明高兴地上了船。船划到河心，哥哥冷不防地把他推下了水。他拼命地划水，想靠近小船。可是等他好不容易划到船边，哥哥又把船划开了，如此反复几次。当水淹得他快要沉底时，哥哥才把他拉上来。他吐了几口水，正在发怔，哥哥开了腔："小明，你不是能游泳了吗?"

果然，他从此再不怕水了。

黑泽明升入中学那年暑假的最后一天（1923年9月1日），日本关东地区发生了历史上罕见的大地震，东京中心区全部被大火包围，工商业区的大火烧了一天多。黑泽明一家幸免于难。地震引起的火灾刚刚控制住，哥哥就拉着他去看火灾痕迹。当他发现这是多么可怕的事时，想要退回来已经晚了，哥哥拉着他足足跑了一天，遍观了大片火灾地区，看了难以数计的尸体。暗红色灰烬中躺着各种姿势的尸体；隅田川岸边漂上来成堆的尸体，真是惨不忍睹。哥哥却让他好好看着。奇怪的是那天晚上他竟没做恶梦。他问哥哥是什么原因，哥哥说："面对可怕的事物闭眼不敢看，所以就觉得它可怕，什么都不在乎地看它，哪里还有什么可怕呢？"原来正是因为它可怕，所以必须征服它。这是哥哥带他征服恐怖的一次行动。

促进他成长的第三股力量，是他的一个同班同学——植草圭之助。

这是一个瘦弱白皙的男孩，穿一身绸缎的衣服，像个小小美少年。然而却是一个比黑泽明还爱哭的孩子。

植草常常因跌倒而大哭。一次因路不好走他跌了一跤，一身漂亮衣服破了，又大哭起来，黑泽明把他送回了家。还有一次开运动会，植草跌到有积水的洼地里，雪白的运动服沾满了黑泥，他抽抽搭搭地哭起没完。

也许是同病相怜吧，植草和黑泽明十分亲近，热诚相待，形影不离，黑泽明像哥哥对待自己那样对待

植草。

植草在运动会的赛跑项目中总是倒第一，但有一次他突然跑了个第二，这时黑泽明一个箭步窜上去，边跑边喊："好啊，好啊！加油！加油！"一直陪着跑到终点，大为高兴的立川老师把他俩紧紧抱住。由于黑泽明产生了庇护植草的想法，便不知不觉地强硬起来，后来，连孩子头对他也得刮目相看了。

不久，老师又和黑泽明商量让植草当副班长，黑泽明高兴极了。植草胸前佩戴上红色缎带的银色徽章，也迅速地成长起来，写出了让立川老师大吃一惊、十分精彩的长篇作文。后来植草成了剧作家，曾和黑泽明几度合作。《美好的星期天》就是他们二人合作的成果。这部电影上映时，年迈的立川老师从字幕上看到"编剧：植草圭之助，导演：黑泽明"时，不由得热泪滚滚。

六年级的黑泽明学习已名列前茅，国语、历史、作文、图画、习字等都很出色。

黑泽明的父亲喜欢书法，五年级时让他到一家私塾学习书法，停学后，每天至少也要写4个字。后来黑泽明到了电影界，一位前辈曾说："黑泽的字啊，不是字，那是画。"

他剑道也有长进，当上学校剑道组的头目。但接

↑黑泽明与《美好的星期天》男女一号研读剧本

连来的两件事，使他懂得了人世并不像想象的那样简单，人上有人，天外有天。

一件事是，他进了一个在剑道上很有名气的道场学剑。在学交叉砍对方脸部一招数时，黑泽明朝对方的脸砍去，却一下被弹回来撞到墙上，眼前一阵发黑，两眼直冒金星。他那以少年剑士自诩的神气立刻瓦解了。

另一件事是，他报考一心向往的东京府立第四中学，却名落孙山。因为他一向不喜欢理科，所以在这次考试中他对算术一筹莫展。

从这时起，他看出了自己应该前进的方向，那就是走文学或者美术的道路。

相关链接
XIANGGUAN LIANJIE

剑 道

剑道是日本传统的竞技性器械武术。正式比赛通常在室内进行，因选手赤足，因此对场地木地板的质量有较高要求。选手一对一进行比赛，双方均穿剑道服，戴护具，持竹剑，按规则相互击打有效部位，由裁判计点数判胜负。亦可举行团体比赛，由选手数相等的团体双方分别一对一决出胜负后计算总分。

"剑道"一词最早源于中国先秦时期古籍《吴越春秋》。早在两汉时期，中日即有兵器及冶炼铸造技术的交流往来。同时中国一脉相承的双手刀法经过日本官方派遣遣隋使和遣唐使与中国大陆之间的官方往来，以及朝鲜半岛和大陆沿海周边地区和日本群岛的民间交流，于隋唐时期流传到了日本。传至日本的刀法经过日本长年的战争岁月不断演变，在日趋稳定的日本江户时期，模仿日本盔甲的样式，制作了剑道护具与竹剑的基本形制，确立了日后体育剑道的雏形。

相关链接
XIANGGUAN LIANJIE

电影《丑闻》

　　《丑闻》是黑泽明在《罗生门》之前拍摄的作品。故事以一个无能而又质量恶劣的辩护律师，和委托他对损坏名誉案件做辩护的年轻优秀画家为中心展开。但律师背叛了画家，给被告收买，最后他在法庭上坦白了自己被收买的事实影片不论在主题或处理上都显示出黑泽明极受他青年时代十分喜爱的《罪与罚》的影响。志村乔饰演的律师生动而深刻，山口淑子的表现则造型胜于演技，尤其有趣的在片中大唱英文歌，包括《友谊万岁》和《平安夜》。压轴的一场法庭戏差不多长达15分钟，镜头沉实、剧力迫人，是黑泽明的另一经典场面。

相关链接
XIANGGUAN LIANJIE

电影《泥醉天使》

《泥醉天使》描述的是在二次大战后的日本，透过绝望与希望，混乱与秩序的夹杂，在动荡的时代中无所适从的人心来隐喻战败后彷徨无助的日本。日本满目疮痍，到处充斥疾病与失业的毫无人生希望的灰色画面。一个日日买醉的医生给一位年轻力壮的无赖汉治心病和肺病而未成功，松永的兄弟冈田也来到此地。冈田的歌声勾起了美代的回忆，美代是他的女人，他来的目的就是要带走她，松永出面阻止失败后，因刺杀冈田未果，反被刺身亡，而冈田对松永的死法，深感痛惜。从社会成功的角度来看，片中两主角都是失败者，堕落者，但从他们的所作所为中，却能令人深刻感受到正义感与丰富的人生。

黑泽明执导的本片反映出人性本就具有善恶两面，借着两位失败的主角表现出存在于人性中原始的丰富情感与正义感，实为创新的处理手法。

中学时代

　　　知识是一种快乐，而好奇则是知识的萌芽。

　　　　　　　　　　　——培　根

　　黑泽明进了京华中学。这所中学坐落在御茶之水旁边，风景宜人。

　　从家到学校有很长的一段路程。本来，应该从小石川区五轩町的家走到大曲电车站，从那里上电车在饭田桥换车，到本乡元町下车，然后到学校。可是，因为在电车上出了一件不愉快的事，他就很少这么走了。

　　早晨的电车永远是满员的，为了赶时间，常有很多人扒车吊在外面。一天，他也扒车吊着，一只脚站在车门的踏板上，另一只脚悬空着。走到半路，他竟然松开了那只抓着车门的手，身体不由地朝后仰去。就在这千钧一发之际，一个大学生一把抓住了他斜挎在肩上的书包带，吓得面无血色。下车后，大学生气喘吁吁地问："你怎么啦？""你不要紧吧？"他也说不清自己怎么闹出了这样一个惊险的把戏，只是向大学生深深地行礼道谢

后，便匆匆向换车的车站走去。当他跨上另一辆电车时，那个大学生还惊魂未定地望着他。

从此，他发挥小学去道场时练出的特长，徒步往返了。这样，他用省下的电车费买了大量的书籍，满足从这个时期开始的旺盛的读书欲。

他从家出来，沿着江户川走到饭田桥的桥畔，再沿着电车道往左拐，不一会儿，就走到炮兵工厂的红砖墙旁，沿着这堵长长的红墙走到尽头再向左一拐，很快就到了学校。

在这段路上，他来去都是边走边读书的。通口一叶、国木田独步、夏目漱石、屠格涅夫等人的作品就是在这段路程上读完的。当时，哥哥的书，姐姐的书，凡是弄到手的书他就读，不管懂还是不懂。

他很喜欢大师们对自然景物的描写，反复诵读，像屠格涅夫《幽会》的第一段，他至老

→黑泽明

年仍能背诵："只是听树林中树叶的声音就知道季　节……"受这些作品的影响，他的作文提高很快，作品常常刊登在校友会杂志上，有一篇作文受到了教国语的小原要逸老师的赞扬，他说那是京华中学创立以来的最好文章。

黑泽明留恋在红砖墙下边走边读的日子，眷恋那堵长长的红砖墙，然而，那墙在大地震中坍塌了。

中学二年后期，他步入了少年第二反抗期，成了桀骜不驯的淘气鬼。

上课时，他在后面的座位上不停地淘气。

在化学课学了炸药的成分后，他在实验室里把炸药装满啤酒瓶子，放在讲台上。化学老师听说瓶里装的是炸药，吓得面无人色，战战兢兢地捧着它扔进校园的水池里。

他们班里有一位同学是数学老师的儿子，但他的数学很糟。考数学的时候，他估计老师很可能把考题告诉儿子，就召集同道把那个同学引到后院，逼他说出来，并把考题告诉了全班同学，全班都得了满分。老师发现后决定重考。结果，老师的儿子不及格，他的分数也没达到标准。

还有一次是别人淘气了，说是他干的，他十分愤慨。为了泄愤，他穿着钉子鞋在礼堂的桌子上乱跑乱跳。

中学三年级，学校实行军训。他和那位陆军上尉不合，把全部反抗精神都用来对付这位教官，弄出很多恶作剧。结果，从京华毕业时，因军训不及格而没领到"士官适合证"的，只有他一人。

中学三年级的整个暑假，他是在老家的伯父家里度过的。伯父已经去世，伯父的大儿子成了一家之主。

老家秋田县仙北郡丰川村是个偏僻的乡村，那里的人们纯朴善良。那里的大自然算不上风光明媚，但朴素的美随处可见。弯弯曲曲的小溪，流水从厨房穿过，和村街水草摇曳的小河相通，鲑鱼曾游到厨房的水槽里。

→黑泽明

他父亲黑泽勇 1865 年出生在这里，曾就读户山陆军士官学校，毕业后留任教官，后因酷爱体育运动，加入了日本体育学会，并调到体育学校工作。他大力发展传统的柔道、剑术，推广、普及垒球，还创建了日本第一座游泳池。黑泽明喜欢体育运动，也是受了父亲的影响。

黑泽明从小体质弱，中学的体操曾得过零分。父亲总想让儿子长得结结实实的。这次来乡村，父亲给他详细安排了锻炼课程，让他在这里接受锻炼。

每天早晨，他很早就起床，吃过早饭，用一个大食盒装上两个人能吃两顿的米，以及大酱、咸菜等，再带上一口锅，同一个本族小学六年级的学生一起去捕鱼。这孩子带一张捕鱼的大网和一张长柄耙子。

中午、晚上两顿饭必须在外面吃，如果不尽力捕鱼，就只能光吃咸菜，这是谁都不愿意干的，所以他得用力拿着耙子推水，驱赶鱼儿入网。把自己捕来的鱼放在树枝架起的锅里，再加些山蒜或山菜烧好，坐在凉爽的森林里、晚霞照映的河边上，吃起来真是别有风味。

天全黑下来才回家，洗个澡，喝一杯茶，倒在床上便睡着了。

在这山野武士一样的生活中，他进行了两次冒险

活动。

第一次是独闯瀑布洞。

有一天，他和4个孩子进了山，在那里发现了瀑布。瀑布从一条隧道似的洞里流出来，落到离地十米左右的水潭。水潭像个不大的水池，水从一角化为溪流流向山下。

他问大家："瀑布洞后面是什么样的？"大家都不知道。他要进去看看，朋友们大吃一惊，说："那太危险了!连大人都没进去过。"他不顾大家惊恐的劝阻，攀上岩石，钻进瀑布流水的洞中。

他两手支着洞的顶部，两腿跨在水上，脚蹬着左右两侧的石壁，朝透着光亮、窗子般的流水入口处前进。流水轰隆轰隆地响，洞壁上长满湿滑的青苔。他快到洞口时，手脚一滑，掉进了水里。刹时，他被流水冲出洞口，随着瀑布落入了水潭。孩子们的脸都吓白了，个个瞪着大眼睛呆呆地看着。还好，他稳住神，游上了岸。

第二次是勇探旋涡底。

村附近有条名叫玉川的大河，河水有一处打着很大的旋涡。当地的少年们游泳时都不敢靠近它。他知道后，倔犟的脾气又上来了，非要去试试不可。大家一听吓得连忙制止他，可是大家越制止，他就越坚决。

最后，少年们用绳子绑住他的胸，以防万一。他一跳进旋涡，立刻被急速旋转的水按到河底。他沉住气，要从河底逃开，但绑在胸部的绳子被拉得紧紧的，拼命挣扎，也逃脱不了。无奈，他只好朝绳子的方向，拼命横爬过去，再用力蹬水，终于浮上了水面。

经过这个暑假，他的身体结实多了。

中学时代的黑泽明业余生活是丰富多彩的。游泳、练剑、摆弄矿石收音机、到目黑区看赛马、到郊外写生、到影院看电影，都是他所热衷的。

提起看电影，他很感谢他的父亲。当时社会上很多人认为，看电影会对子女产生不良的影响。而生活作风一惯严谨的父亲，却很开明，认为电影对子女有教育作用。黑泽明幼年时，父亲就定期带家人看电影，大多是西洋片。

黑泽明小时对武打喜剧非常感兴趣，有一次因为影院不上映喜剧片，他竟撒娇地大哭一场。

黑泽明看电影时情感很投入。一天，他和大姐去浅草看一部南极探险片，片中有这样一段情节：向导狗病得很厉害，探险队员们不得不把它扔下，赶着狗拉的雪橇疾驶而去。向导狗突然晃晃悠悠地站起来，拼命追了上去，忠于职守，跑在雪橇的前面。它气喘吁吁，舌头耷拉在外面，眼睛被眼屎糊住，跑起来摇

摇摆摆。它的脸凄苦、悲痛，然而是那样高贵。探险队员把它拉开，带到雪坡的后面。一声枪响，拉雪橇的狗吓得乱了套。他看到这失声痛哭，姐姐百般安慰，都无济于事，无奈，只好把他领出了影院。一路上他痛哭不止，姐姐气得直说："再也不带黑泽明看电影了。"

黑泽明的丙午哥哥对电影很有研究，常以各种笔名向介绍电影的刊物投稿。特别对于第一次世界大战后大大发展的外国电影的艺术性，认真评论。哥哥时常向他推荐好作品。为了看到哥哥推荐的影片，有时他徒步去离家很远的影院，有时排队等候购买夜间的减价票。

黑泽明晚年凭记忆写下了青少年时期看过的影片，结果令他吃惊，他看的全是世界电影史上的名作。其中，在中学六年时间里，他看过并能写出名字的有56部。

父亲不仅带他去看电影，还领他去神乐坂的曲艺馆。在父亲的熏陶下，他喜欢民间艺术，对那些曲艺家的演唱十分神往。

中学毕业时，他开始认真考虑自己的前途。他下决心要当一名画家。喜欢书法的父亲，对绘画的职业是理解的，同意他的选择。他报考了美术学校，但是没有考上。

相关链接
XIANGGUAN LIANJIE

电影《我对青春无悔》

《我对青春无悔》是黑泽明二战后的一部作品，取材自"京大事件"的作品，在二次大战前，日本为了反共产主义，而认为自由主义是共产主义的温床，对于提倡自由主义的人也当成是共产分子来看待，甚至干涉了校园内的思想教育。黑泽明在战后拍摄这部电影，被认为是一部反战之作。片中的幸枝并非日本过去的传统女性，而是经过战争及战争后的混乱期，终于找到自我，忠于自己意志的新时代女性。

相 关 链 接
XIANGGUAN LIANJIE

电影《蜘蛛巢城》

《蜘蛛巢城》是一个东方麦克白的沉浮记，一部地道的日本武士传奇。没有野心的男人就不是男人，不狠毒的女人就不算女人，再灵验的预言也阻止不了独夫的覆灭，再多的清水也洗不掉满手的血腥，欲望、罪恶、良心、疑虑、人性交战的大悲剧。

影片中可圈可点之处颇多，例如在大雾中鹫津与三木在树林里急促地东奔西走的镜头强力地预示了对未来迷途焦虑的心理；鹫津在妻子的鼓动下决定刺杀城主，在宴席上看到三木的幽灵而惊狂等多处场面有着浓重的舞台色彩，充满力度；影片最后鹫津被乱箭杀死，浑身都是剪镞的特写以及他的妻子浅茅出于恐惧一遍又一遍的洗手，欲洗去血迹的镜头都成为电影史上的经典。

职业的抉择

一个人追求的目标越高，他的才力就
发展的越快，对社会就越有益。

——高尔基

中学毕业时，他立志想当一名画家。他进了一所
叫同舟社的画塾，在那儿学习的第二年，他18岁，东
京举行全国性的新人新作展览会，他拿去两幅作品参
展，竟然都入选了，他不禁心中大喜。

他观看各种画展、画廊，购买画集，买不起的就
一连跑好几天书店，在那里仔细观摩。

他研究日本画，也研究西洋画。他对塞尚和梵高
的作品着了迷，尝试着用他们的方法观察世界。他看
了塞尚的画集，就觉得房屋、道路、树木都像塞尚的
画一般。他用梵高的观察方法观察事物，就陷入梵高
的框子里。找不到自己独特的视角和风格，这使他大
为恼火。

他时常为一些杂志画插图、题头画和漫画，赚些
稿费购买油彩和画布。同时又为自己画这些非出于本

→梵高的 《向日葵》

意、俗气的东西产生憎恶感。

急于成才的黑泽明开始怀疑自己的绘画才能。报考助理导演后，他把自己以往的作品一股脑儿地全部烧毁了。其实，他当时的画技已达到一定水平。他的心血也没有白费。人们从他所导演的影片那一幅幅雄浑壮丽的画面里，无不看出他在绘画方面的造诣。

是啊！黑泽明在拍摄现场，不允许所要拍摄的"状况"同自己的设想有丝毫的出入。在昭和三十年，拍摄《活人的记录》外景时，天空的太阳和他头脑中的形象不一致，"大的程度和红的颜色"不如意，为此竟等了一周多时间。演员们说："因为导演头脑中的画布已经画好了画，我们就是再着急也没有用啊。"

在《影子武士》开拍之前，黑泽明曾为制片费担心。一想到这么好的脚本拍不出来，他真受不了。因而他动了这样一个念头：即使没有胶片，没有演员，也要按各个场面，用凝固的画的形式，让日本人、倘若可能还让全世界的人都看一看《影子武士》这部作品。他倾注了全部精力，画了 200 幅画页，作为图画分镜头剧本，同时，也作为一种艺术。这是世界电影史上从未有过的剧本，它是用绚丽

← 《影子武士》海报

多彩的颜料组成的。1980年5月，这部影片获得了戛纳大奖。在记者招待会上，一位外国记者问他："我认为你既是电影导演，同时又是了不起的画家，意下如何？"黑泽明没有说话，深深地点了点头。波兰著名电影导演安杰伊·瓦依达看到这个剧本时，赞叹道："这是优秀的艺术。"讲谈社把这个剧本印成了彩色画册。黑泽明对这本画册的出版比什么都高兴，这大概是因为圆了他少年梦的缘故吧。

昭和三年（1928年），他18岁，日本发生了三·一五事件，大肆逮捕共产党；满洲发生了暗杀张作霖事件；第二年又发生了世界性的经济恐慌，日本经济不景气，无产者运动日趋尖锐化。面对这种形势，他无法沉下心来作画。况且，家里生活每况愈下，画布、油彩价格昂贵，他不好再开口要钱买这些东西了。他除了沉于绘画外，同时开始贪婪地学习文学、戏剧、音乐、电影。

那时日本出版热，世界文学全集、日本文学全集泛滥，大多1元钱1本。有些文艺作品旧书店里便宜到3角或5角1册。这对囊中羞涩的他是莫大的福音。他对文学爱到了痴迷已极的程度，一见名著就爱不释手，不分外国文学、日本文学，也不问古典或现代，碰到什么就读什么。

　　他既涉猎广泛，又注重精读，读书时总要在旁边放一本笔记本，把自己的感想或受感动的事情记下来。这样的笔记，他记了许多本，并风趣地称它为"大学笔记"。这种笔记在后来的工作中可帮过他大忙。每当剧本写不下去的时候，他就去翻阅它，总会从中找到突破口，甚至对话也能从中受到启发。他牢记这样一句话：创作就是记忆。依靠自己的经验和读书留下的记忆，就可以创作一些东西。空白是创造不出东西来的。

　　他读书不仅精读，还常常重读。他非常喜欢托尔斯泰的《战争与和平》，为此竟读了18遍。他说："重读可以发现许多问题，而且会感到非常有趣。""例如彼埃尔和道洛号夫决斗的那段，我就读漏了一行。我只看到双方拒绝决斗。可是后面有一行写道：'突然变得激烈起来。'说明实际上是厮杀起来了。"

　　黑泽明对于戏剧、曲艺、电影能更多地接触，还要感谢神乐坂附近长排房的那段生活。

　　还是在那浪漫的年龄——18岁，他出于对当时日本社会的不满，参加了无产者运动，很快成了《无产者新闻》报的助理编辑。为了便于从事地下工作，他谎称到哥哥家住几天，搬出了家。这期间，他读了《资本论》和《唯物史观》。昭和七年春季，他患了重

感冒，卧病期间和《无产者新闻》断了联系。在极度虚弱和饥饿的情况下，他只好去找哥哥。

哥哥在电影宫当主任解说人，住在神乐坂附近一条旧时小街的长排房里，与他同居的有恋人及她的母亲。黑泽明在哥哥那儿住了一个月后，又在旁边找了一个住处，但除了睡觉外，其余时间还在哥哥家里。这里的生活对他来说又陌生，又新奇。整条小街和长排房里，住的大多是无固定职业的人，土木建筑工人居多。哥哥在这里好像流浪武士，被人另眼看待。大家很讲义气，互相依靠，团结一致。他们的生活虽清苦，然而日子却过得很快活，充满了诙谐和幽默。这里的一些老人在神乐坂的曲艺馆或电影院里当杂役，手里常有定期的免票，以便宜的价格租给附近的人们。黑泽明利用这种免票，白天晚上净跑电影院或曲艺场。

黑泽明在这一段时间里，充分领略了曲艺场艺人们的精湛技艺，品味出其中的奥妙。当时他只不过是随随便便地欣赏而已，但在他执导电影时却派上了用场。黑泽明在回忆这段生活时说："单口相声、评书、弹词、鼓词，这些为人民大众喜闻乐见的曲艺，后来在我的创作中起了难以估量的作用。"

在这一年中，他也看到了长排房生活中一些阴暗的东西。他突然回家了。

在那战争的时代，黑泽明也无例外，满20岁时，他收到了征兵检查令。侥幸的是，当时的征兵司令官是他父亲的学生，因而他与兵役无关了。

黑泽明23岁那年，不幸的消息接踵而至。先是他最心爱的哥哥丙午自杀了，不久又有长兄病逝的讣报到来。

丙午哥的去世，使黑泽明陷入极度的痛苦之中。哥哥在小学时代就是出类拔萃的天才，因报考第一中学落榜，就有了厌世的思想。后来读了俄国阿尔其巴绥夫的《最后的一线》，主人公纳乌莫夫那种虚无精神，更加巩固了他的厌世哲学。他常说："我在30岁之前死掉，人一过30就只能变成丑恶。"黑泽明以为，那只不过是文学青年夸大的感慨，但却成了难以接受的事实。刚强的母亲没掉一滴泪，平静地承受着这巨

→黑泽明在给演员示范剑术

大的痛苦。看到母亲那神态，他的心都要碎了。

黑泽明一下成了家里晚辈中唯一的男人。他想担当起长子的责任，让父母放下心来。他开始急于找到一份工作，心想干什么都行。可父亲告诫他："不要着急，也没有着急的必要。""要等待下去，前进的道路自然会打开的。"

父亲的话惊人地准确。

黑泽明26岁那年（1936年）的一天，他从报纸上看到P.C.L电影制片厂招考副导演的广告。那广告上说，第一次考试要交一篇论文，题目是：论述并列举日本电影的根本缺陷及其纠正方法。他感到这种招考方式既有创新又有活力，同时这题目也激起了他恶作剧的老脾气。他认为：若是根本性缺陷，那就无法改变，必须重新另立一套模式。于是就大发议论，把想说的话都写下来，还一一举例。

出乎意料，初试竟通过了。他接到了到P.C.L参加第二次考试的通知。他到了P.C.L公司后，才知道这次报考的有500多人，只录用5人。他上午参加了笔试，下午又被叫去口试。这时，他第一次见到了山本先生。他们谈画、谈音乐、谈电影，谈得非常投机。过了一个月，他又收到了第三次考试的通知。这次是面试，他见到了厂长、总务部长等。面试时，一位秘书科长详细而无理地询问他的家庭情况，那口气令他气愤，他不由脱口而出："你这是审问么！"他以为这样一来，一定不会被录用了，出乎意料，过了一星期，他收到了录取通知书。这样，他一脚迈入了电影制造业。

相关链接
XIANGGUAN LIANJIE

梵　高

梵高，荷兰后印象派画家。1853年3月30日生于津德尔特。早期作品受印象主义和新印象主义画派影响，代表作有《食土豆者》《塞纳河滨》等。曾两次在咖啡馆、饭馆等地向劳工阶层展出自己的作品。不久厌倦巴黎生活，来到法国南部的阿尔勒，开始追求更有表现力的技巧；同时受革新文艺思潮的推动和日本绘画的启发，大胆探索自由抒发内心感受的风格，以达到线和色彩的自身表现力和画面的装饰性、寓意性。他是表现主义的先驱，并深深影响了20世纪艺术，尤其是野兽派与德国表现主义。梵高的作品，如《星夜》《向日葵》与《有乌鸦的麦田》等，现已跻身于全球最著名、广为人知与昂贵的艺术作品的行列。1890年7月29日，梵高终因精神疾病的困扰，在美丽的法国瓦兹河畔结束了其年轻的生命，时年37岁。

执导的准备

> 眺望高山的人，自己越是上到高的地方就越是能看清山的高度。
>
> ——黑泽明

黑泽明进公司后，对初次分配给他的副导演工作十分不快，他下决心要辞职。几个前辈副导演拼命劝阻他说："作品不全是这样的作品，导演也不全是这样的导演。"他们的话果然不错。第二次他被派到山本先生的摄制组工作。这里的工作令人心情舒畅，他绝不想离开山本摄制组了。侥幸的是山本先生也不肯放他走了。

山本先生坐在摄影机旁的椅子上，他站在山本先生的旁边，他感到山本先生做的工作才是自己真正想干的工

作。他觉得自己爬上了山顶，山顶的前面，就是极目千里的广阔天地和一条笔直的大道。

黑泽明是一位幸运者，他寻找到了一个能施展才华，自由畅游的环境。

P.C.L公司，原是照相化学研究所，后成立了电影制片厂。它有一种新颖而朝气蓬勃的精神。

这里的导演精干，年轻有为，富有进取精神。其中山本嘉次郎、成濑已喜男、木村庄十二、伏水修等都拍出了极其生动而新颖的作品。

这里的领导成员也朝气勃勃，确定新方针，然后雷厉风行。他们很重视培养人，认为副导演就是领导人物的候补生，应给以一定的权力，让他们通晓制作影片过程中必要的各个部门的一切工作。他们在制片厂院子中央竖起一块告示牌，上写：第一副导演的命令等于社长的命令。

为了适应这种形势，副导演们不得不处于随时应战的局面。他们钉布景，干洗印，当替身，写剧本，搞剪辑，甚至出外景时当会计。在这种环境里，他们同时录用的5个副导演迅速地成长起来。

黑泽明更为幸运的，是在这里遇到了一位最好的老师——山本嘉次郎导演。

山本先生是著名的导演，他的作品《我是猫》深

受日本人民的喜爱。他为人性格坦率直爽，对于名利一向淡泊处之，对什么事都持灵活态度，从不强求统一，唯独对于副导演的人选固执到惊人的程度。要提拔新人当副导演时，他对该人的品格、素质，一定是反复调查研究，直到一清二楚之后才作出决定。但是，一旦决定采用，不论其工龄长短，资历深浅均一视同仁，认真地听取他们的意见。

黑泽明在山本摄制组工作期间，整天和山本先生在一起，有什么想法都直言不讳，而且大多被先生采纳，所以心情舒畅，精神充实，工作上有一股干劲。仅4年的时间，他就从第三副导演晋升为第一副导演，并且能胜任B班导演、剪辑、配音导演等等工作。

→黑泽明在给演员说戏

为了能在电影市场上同其他公司竞争并获胜，要在极其严峻的条件下竭尽全部精力，一部一部地认真制作，力求使作品好些再好些。这是在山本先生培养下，摄制组同仁养成的最重要的根性。这种根性在黑泽明当了第一副导演之后，和他与生俱来的刚愎倔强合而为一，形成了对工作的异乎寻常的执着。

黑泽明当了副导演，拍了几部作品，也积累了一些经验时，山本先生就让他动手写剧本。山本先生说：如果你想当导演，就先学着写剧本吧。

他以为先生的意见十分中肯，从此后就拼命写剧本。那时他的工作异常忙碌，通常在摄制人员着手工作之前，就得做好准备工作，一天摄制工作结束，还要考虑第二天的工作。可他想：就算一天只能写一页稿纸吧，写它一年也能写365页长的剧本。他抱定这个想法，给自己立下了一天一页的目标。只要有时间睡觉，他就要写上两三页。想写就能写出来，他自己也不知道当时怎么会有那么旺盛的精力，脑子里的构思一个接着一个，有时多得写也写不完，他想把这些构思都写成剧本，因此拼命地苦战恶战。有一次，他一个晚上竟写完一个剧本。这样下来，他竟写出了许多本电影剧本。成活率也很高。其中《达摩寺里的德国人》发表于《电影评论》，受到专家的瞩目，得到了出乎意料的赞扬。《寂静》《雪》两个剧本，在一次悬奖征集电影剧本时，应征入选。前者得了二等奖，奖金300元；后者获一等奖，奖金2000元。这对当时薪金48元的黑泽明来说，是一个不小的数目。所以当他还任副导演的时候，已经作为一个剧作家而闻名全国了。

当他能写出剧本后，山本先生又让他搞剪辑。

剪辑是电影制作中画龙点睛的作业，也是给拍摄的胶片注入生命的过程。他明

白这项工作的重要性，因而已先行一步了。关于剪辑，他从山本先生那里学到的东西难以计数。其中，最重要的一项是：剪辑的时候必须有纯粹客观地看待自己作品的能力。

山本先生剪辑自己辛辛苦苦拍下来的胶片时简直是个肆虐狂。他要给观众看的，是没有多余部分而全篇充实的作品。

剪辑《马》那部影片时，山本先生把剪辑工作交给了他。《马》中有一个母马到处找它那已被主人卖掉的马驹的情节。他哀怜母马，详细拍了它的表情和行动，而且作了戏剧性的剪辑。但是放映出来却表现不出母马的思仔心情。山本先生和他一连看了好几遍，都默不作声。他知道，先生不说"行"，实际上就是"不行"。他十分为难，就问先生该怎么办才好，他一

问，山本先生回答说："黑泽君，这里不是戏，可能是哀愁之情思吧。"黑泽明改变了剪辑方针，只把一些远镜头接在一起。用剪影般的形象表现月明之夜的母马。它飘鬃扬尾漫无目的地奔跑不已，表现了母马的哀怨之情。

山本先生为了让他积累经验，常常让他担任代理导演。甚至有时一场戏只拍了一半就回去了，后一半交给他完成。他深感责任重大，不得不豁出命来干。所以在他升任导演之前，在导演工作以及统率摄制组的工作方面都得到了锻炼。

电影是影像和声音的乘法，这一主张，是黑泽明通过山本先生后期配音工作而产生的。拍摄的影像大多已经录上了自然的声音，如果再给它加上一种声音，就会产生另外一种效果，所以，这种工作也别具魅力和乐趣。

山本先生对于配音工作十分慎重，要求非常严格。而这项工作又是副导演们感到最吃力的。因为后期配音时，正是摄影工作结束，已经累得精疲力竭，上映日期又迫在眉睫，大多要通宵达旦地工作。而工作的内容又是必须细心从事的声音，所以，总觉得这是严重地磨损神经的一项工作。

山本先生把《藤十郎之恋》的后期配音委派给他

→黑泽明在片场

了。结果是看完样片后，让他从头返工。这对他是一次冲击，他感到在大庭广众面前出了丑。为了寻找错误，他翻来复去地看，好不容易才找到，并纠正了。山本先生看了样片，只是简单地说了一声"OK"。

他对山本先生不满了，觉得他把什么事情都压在自己头上，而且随意发号施令，令人可气。但是这种心情很快就消失了。举行《藤十郎之恋》完成招待会的时候，山本夫人对他说："他可高兴了，说黑泽君能写剧本，把导演工作交给他，让他剪辑，让他搞后期配音，全行啦，大可放心。"黑泽明听了，不禁热泪盈眶。

相关链接
XIANGGUAN LIANJIE

电影《生之欲》

《生之欲》是黑泽明继《罗生门》后的又一部佳作，被誉为日本战后最佳影片之一，也是被史蒂芬·斯皮尔博格奉为最经典的黑泽明的电影。

只比《罗生门》晚两年拍摄的《生之欲》，黑泽明则将乱世感置于面对死亡之刻。得知自己罹患癌症末期的男主角，从浑浑噩噩的痛苦过渡到想尽情玩乐、想寻找青春的种种挣扎，最终产生一种自觉："好好在生命末期做点有意义的事。"于是男主角为了一群妇女孩子，搏力与公家机关的官僚主义抗衡。整个过程中，黑泽明屡屡强调着这种面对死亡产生的自觉，需要极强的意志力，也面临无法挽救的孤寂。

相关链接
XIANGGUAN LIANJIE

电影《战国英豪》

《战国英豪》描述战国时代，秋月家族的传人雪姬公主，在一个忠心的大将保护下，带着一批黄金逃出敌人的搜捕，投靠盟国。片中那一片咄咄逼人的黑色天空，一望无际的平原，两个黑影相互搏斗的画面，令人留下深刻的印象。据说黑泽明为了拍摄影片中的一个满意的天晴镜头，竟足足等了100天，足见其敬业。影片从两个视角讲故事，摩天利士的英雄视角和两个农民的小市民视角度，关于责任，关于金钱，关于智慧，关于逃亡，不同的角度让人有不同的行为，大师在作品中剖析了何为英雄而何为平民。

本片是黑泽明首次拍摄宽银幕，效果之佳，使他从此放弃了标准银幕。西方影评人当奴烈治誉本片为"现代电影史上少数的纯粹电影"。本片也荣获了1959年柏林电影节最佳导演奖。

导演生涯

> 浪费时间和金钱，人人都会，但有效
> 地使用它，则需要才华与奋斗。
>
> ——黑泽明

昭和十八年（1943年），黑泽明不仅超过了同期的助理导演，而且跃过了上一辈导演助理，晋升为盼望已久的导演。

有一天，黑泽明从报纸上看到新书广告栏有《姿三四郎》这本书，莫名奇妙地产生了强烈的兴趣，立刻决定：要拍电影就拍它。

《姿三四郎》果然是一部好作品。他被它强烈地吸引着，每天晚上都盼望着黎明快到，好让他尽快地完成拍摄工作，而从

← 《姿三四郎》海报

未感到辛苦过。他对于拍自己的处女作，是得心应手，游刃有余。影片拍摄完，马上送内务省接受检查和导演考试。著名导演小津安二郎先生和田坂具隆先生参加了他的考试。检查官横加挑剔，絮絮叨叨地说个没完，黑泽明有些不耐烦地站了起来，小津先生马上站起来发话了："以100分为满分的话，《姿三四郎》应打120分！黑泽君，祝贺你！"

影片《姿三四郎》上映后，受到观众的赞赏，制片人让他赶拍续集。他觉得这是愚蠢的行为，所以提不起精神，没有为它使出浑身力气。

1945年，他35岁时和演员矢口阳子结婚。

战后，黑泽明吐了一口气，"嘿，这下可以自由地拍摄电影了"。他干劲十足，启用了新演员三船敏郎，提拔了志村乔，同新音乐家早坂文雄挂上钩，又与植草圭之助合作编剧，形成了被人视为"黑泽组"的创作集体。影片《泥醉天使》获得了《电影旬报》十佳的第一名。

黑泽明要"千方百计地干一下，拍出人们想象不到的那种大胆而充满魅力的作品，并且，尽量争取成功"。1950年，他决定拍摄《罗生门》。因为东宝制片厂闹纠纷，他只得把脚本拿到了大映。开拍前，黑泽明说："需要搭景的只有罗生门一处，剩下的可以通过

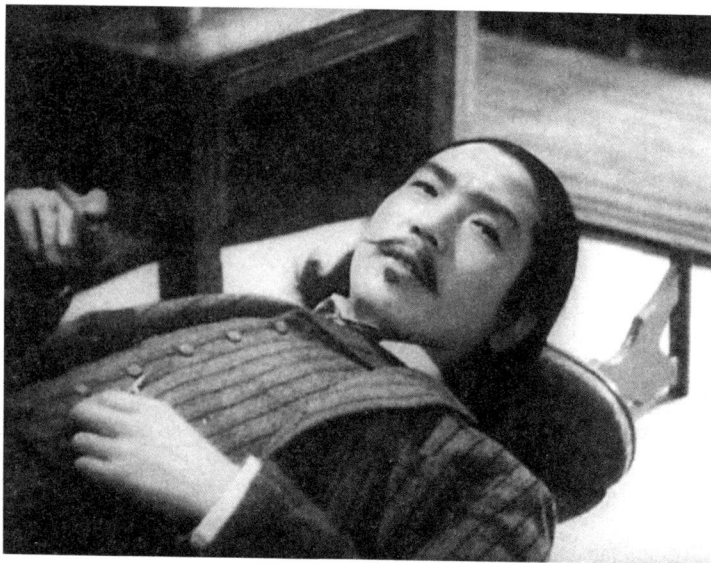

←《姿三四郎》剧照

实地拍摄来解决。"公司以为费用少，就同意了。当制片董事川口松太郎去看布景时，不由大吃一惊，这个布景是日本电影史上前所未有的，只这一景就超出了预算。片子拍出后，得到的评价很惨，连经理永田雅一也说"完全不懂"。

他又在松竹公司拍摄了陀思妥耶夫斯基的《白痴》。因为在影片剪辑的长短上发生了争执，也对他封了门。为了解除烦闷，他就到河边去钓鱼。一天，他刚从河边钓鱼回来，妻子笑着迎到大门口，连忙说："恭喜！恭喜！报社来通知，《罗生门》在威尼斯电影节上得了大奖。"这个令人震惊的消息，给黑泽明的导演生涯带来了转机。他又满怀信心，一发不可收拾地

→《罗生门》电影明信片

在他所热爱的电影世界里遨游了。如今，他虽已86岁高龄，但还不停地拍片。真可谓"老骥伏枥，志在千里，烈士暮年，壮心不已"。

　　黑泽明的创作按照年代可以划分为5个时期。

　　40年代：是他创作的初始时期，先后有8部电影问世。处女作《姿三四郎》（1943年）是他担任电影导演的第一部作品。这部影片取材于近代柔道创始时期的通俗英雄故事，是一部动作片。剧本精彩、简练，集中体现了黑泽明的伦理观和道德观。这种观念，后来始终贯穿于他的全部作品之中。《姿三四郎》作为一部不动刀的武打片的出现，给娱乐电影开辟了一个新的领域。紧接着，黑泽明又在1945年推出了《姿三四郎续集》。1944年，他执导了描写妇女怎样在工厂里为祖国勤奋劳动的影片《最美》。在片中，光明与黑暗、亲切与严酷，保持着紧张的平衡关系。使人佩服的是他表现故事情节时的轻松节奏和处理集体演员的手法技巧。《无愧于我的青春》（1940年），则是黑泽明战后独立执导的第一部作品。这部影片歌颂了为实现共产主义理想而牺牲的野毛隆吉，是他比较重要的作品之一。黑泽明不是马克思主义者，但他有为受剥削、受压迫者鸣不平的思想，喜欢为实现某种理想奋斗甚至为其牺牲的人物。这是他艺术思想所促使的。毫无疑问，作品对日本战后共产主义运动的发展起了较好作用。《美好的星期天》（1947年）描写了平凡人的平凡日常生活琐事。它用传统的恋爱故事，表现了由于琐碎的事情而陷入极度忧愁的年轻人如何摆脱困境，展示了战后初期日本荒凉的社会众生相和人们

← 《罗生门》电影海报

的心态。同时，《美好的星期天》片还是表现性欲的第
一部日本影片。在黑泽明的艺术创作中，对性的认识
是把它作为生命力的象征时才有所克制，促使那些抱
有绝望情绪的人们重新生活下去。因此，是一种对绝
望的拯救，是一首对人的野蛮而天真的生命力的颂歌，
是积极健康的。所以，《美好的星期天》成为一部真实
地反映战后常见的日本人形象的成功作品。

二战后，黑泽明陆续摄制了一些反映战争后果的
影片，包括《泥醉天使》（1948年），《平静的决斗》
（1949年），《野狗》（1949年）。《泥醉天使》是一部曾
使日本不少电影爱好者欢喜若狂的杰作，它着力描写
了日本战败后的黑暗社会现实，一伙人野蛮而精力充
沛，阔步在街头巷尾，专干些伤风败俗的勾当。《野
狗》则是一部最早获得成功的，尽可能如实反映刑警
追捕罪犯过程的影片。它深刻揭示出社会的贫困和战
争创伤，正是形成社会犯罪的根源。这部影片的引人
入胜之处，就是在警官搜查罪犯过程中，不断展现在
观众面前的那些粗犷而充满生命力的各种风俗习惯。
它成为日本侦破题材影片的源头，在电影史上占有极
为重要的地位。如果说，《泥醉天使》是展现战后日本
黑市风格的一幅通俗画，那么，《野狗》就是对当时东
京社会混乱，恶棍横行无忌场面的艺术再现。这些影

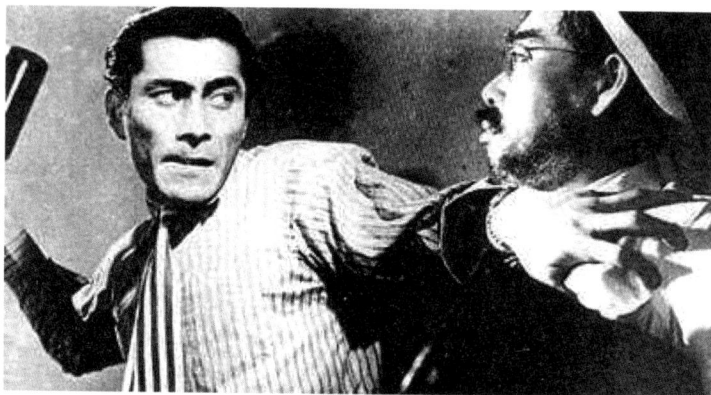

片的魅力，在于它们自始至终从整体结构上出色地表现社会过渡阶段的节奏性。同时，也相当有深度地展示了在痛苦中蕴育着各种希望的战后初期日本社会生活。

50年代是黑泽明从事电影事业的辉煌时期。共有10部作品拍成电影。《丑闻》（1950年）是一部艺术高超的小品。《罗生门》（1950年）在日本首次公映时，该片绚烂多彩的表演艺术就获得了一致公认，次年，在威尼斯举行的国际电影节上，一举荣获最高奖，从而使日本电影艺术闻名于世界。《白痴》（1951年）是根据陀斯妥耶夫斯基的长篇同名小说改编而成的。它描写了日本人日常生活中并不存在的行动，几乎使这部杰作从一开始就淹没在严厉的批评之中。在影片中，黑泽明把原作中的心理分析和哲学观点集中到了出场人物的表情上，不是用语言而是用面部直观地表现出

来，成为一部以表情和特写为主要表现形式的影片。片中的森雅之的面孔，被认为是日本电影史上最富于镜头美的人物之一。《胆大包天的汉子们》（1952年）是颇有喜剧性的小品故事片。《活着》（1952年）是日本战后最佳影片之一，描写了一个同死人一样的男人突然要活下去的故事。人什么叫真正的活着？答案是为了他人的幸福而努力做事。对作者来说，缺乏生命力，没有朝气的人，根本就把他视同死人。这部作品提出了生命真正意义的问题，显示出他的创作已达到了一个高峰，创作技巧也完全成熟。1954年拍摄的《七武士》，历来被认为是古装武打片的典范之作。它

→ 《七武士》剧照

描写了一个村庄的百姓们为防御强盗袭击，保卫村庄而雇七个武士来抵抗入侵的故事。七个武士各有特色，村民们也百人百面，性格各异，影片用望远镜头拍摄全景的方法，再现当时的历史风貌，展示了广阔、精彩的战争场面。《活人的记录》（1955年）呼吁人类和平，反对使用核武器。不少人认为是黑泽明的一部失败之作，其实，比起他的许多作品来，他倾注其中的更多的是诚实，因此，也是宝贵的。1957年，黑泽明创作了《蛛网宫堡》和《在底层》两部古装片。《蛛网宫堡》是根据莎士比亚的《麦克白》改变的；《在底层》是根据高尔基的同名剧目改变的。在这两部作品中，他淋漓尽致地发挥导演艺术，注意表现艺术和美。如果单从美学观点看，可以说达到了前所未有的洗练。在《暗堡里的三恶人》里，他揭露了军国主义的罪行，流露出作者对战争的憎恶。

60年代，是黑泽明创作的稳健期。共有5部作品。《坏蛋睡得最香》（1960年）描写了一个与政界上层人物有联系，为了搞到政治资金而大肆贪污的某公共事业团体总裁，而把贪污事件检举出来的人，正是其手下的秘书。作品矛头大胆地刺向了金钱政治。影片的精彩之处在于把杀人者描绘得那么亲切、文雅；被杀者却十分感激，服从。通过被杀者的寥寥数语和动作，

→ 黑泽明在片场

勾画出杀人者的形象，表现了作者高超的艺术功力。
《保镖》（1961年）描写了一个浪迹萍踪的武士来到一
个小镇，屡施计谋，使两恶霸消耗力量，同归于尽，
最后为当地百姓除了大害的故事，上映后大受欢迎。
黑泽明此后摄制的《椿三十郎》（1962年）描写了一个
由于失业而挣扎在饥饿线上的人，他一心想立个功以
便找到职业，所以就为制服坏人而动起小聪明来。这
两部片子都是为娱乐而摄制的古装片。《天堂与地狱》
（1963年）则是根据美国推理小说家爱德华·麦克奎恩
所作《国王的赎金》改编的。影片中代表体制和秩序
的两个武士——资本家和警长对敢于向社会挑战的歹
徒的打击，显示了金钱组织和权力的威力。它是一部
以现代东京为舞台而展开描写犯罪活动的影片，是作

者为暴露拐骗的可憎才去创作的。《红胡子》摄制于1965年，这是一部充满道德观念，以拳术代替武打的精心之作。它展示出日本社会的一种独特现象：只要武士是农民和商人的指导者，武士就有保护他们的义务，这种义务关系只限于恭敬地承认武士的权威时才能成立。

70年代，是黑泽明创作速度放慢的时期。继1970年的《电车声》之后，又过了5年，他与苏联联合创作了一部奇异的影片《德尔苏·乌扎拉》。虽然这部影片由于它的长度，以及影片的最后1/3部分过于静态化而令人生厌，但《德苏尔·乌扎拉》仍然包含着当代电影中一些异乎寻常的很美的画面摄影。它和黑泽明近年来创作的所有影片一样，显示了这位影界巨擘的内在功力。

到了80年代，黑泽明的创作又进入了一个高峰期。1980年，他拍摄了古代战争片《影子武士》。叙述的是日本战国时代惊心动魄的战争故事。通过传奇般的"影子武士"事件，再现了当时社会政治、军事斗争错综复杂的矛盾。在片中，他塑造了一个深明大义、勇敢顽强、为国捐躯的影子武士形象，谱写出一部悲壮的史诗。为了表现"影子"的神秘感，他调动了一切艺术手段。特别是战马狂奔时带起的团团烟尘，给

→《乱》电影海报

观众带来了神秘而美丽的想象。整整5年，耗资24亿日元，终于获得了33届戛纳电影节的金棕榈大奖，进一步确立了他在国际影坛的地位。电影界对此片赞誉备至，认为："日本古装片的优美传统，将由黑泽明这部作品得到恢复，并达到新的顶峰。"又说："这是一部美学和视觉艺术的珍品。"此刻，老年的黑泽明似乎对世界看得更深，他的作品也离现实越来越远了。1985年，他又拍摄了令世界瞩目的取材于莎士比亚名作《李尔王》的《乱》。但人物和时代却完全放到了日本。这是一个表现家族中父子、兄弟、夫妻之间为权力而展开争斗的故事。为展现情节，他不惜巨资，调动军队，拍摄了一些动人心魄的战争场面，使影片颇为壮观。自誉为其平生的代表作。这两部影片比较鲜明地反映了黑泽明的战争观和对人生哲理的思考。

进入90年代，黑泽明的创作激情仍如长江大河，奔腾不已。1990年拍摄的《梦》，是他的一部自传体影片，共由8段"梦境"组成。8段梦均不完整，或许因为梦本身就是稍纵即逝的。它美在朦胧、飘渺、恍惚，是

← 《梦》电影海报

→黑泽明手拿奥斯卡小金人

人的欲望与外界碰撞的产物。因此，他选择了"碎裂是它最终本质"的"梦"。8段"梦"，分别联系着他过去80年人生中难忘的篇章，也折射出他对世界和人生的根本看法。《梦》间接或直接，有意或无意地涉及一个幽灵般的命题——生死界，而重心还是在于对死的思索。

《梦》获第62届奥斯卡特别荣誉奖。在第43届戛纳电影节上，《梦》被定为开幕式的首映作品，当银幕上一出现片头字幕时，全场2000多位佳宾起立欢呼。掌声长达10分钟之久。那时，黑泽明的心境，真是难以言表。

1991年，他拍摄了《八月狂想曲》。故事通过一位日本老妇与其"美国阔亲戚"的隔阂，反映二次世界大战历史在民族心理上留下的浓重阴影。影片是对历史、社会、人生的综合"狂想"。从历史的层面上看，二战及其后遗症是人类在20世纪的一桩大事；从社会的层面上看，黑泽明通过这部作品，表现了自己对掌握现代日本实权的中年一代的绝望。在暴露他们的贪欲与利己主义的同时，他从老年与年轻人的对话中看到了希望。继《八月狂想曲》之后，黑泽明又拍了《内田百闲》，描写了日本作家内田百闲的生平。

1993年，他又和美国影星凯文·科斯纳合作，拍摄根据中国古典名著《西游记》改编的影片《三藏法师》，算起来，这是他已经拍摄的第31部作品了。

纵观黑泽明半个多世纪的电影导演生涯，充满了辉煌和壮丽。他是日本民族和东方电影的骄傲。当才华横溢的青年黑泽明变成凝重、和缓、抒情、感伤的老年黑泽明时，他的脉搏在《八月狂想曲》结尾的暴风雨中突然狂跳，使人想到一盏灯在即将熄灭前突然令人震惊地格外明亮，猛然在刹那间集中放出大批热能，这正是他晚年创作状态的一个真实写照，也是他一生献身于电影事业的缩影。1991年，黑泽明荣获了奥斯卡终身成就奖，他的名字永远载入了世界电影历史的史册。

相关链接
XIANGGUAN LIANJIE

电影《踩虎尾的男人》

《踩虎尾的男人》讲述的是1185年平家在西海败亡，源九郎义经功高受勋，吐气扬眉受人敬仰，可惜自己的亲弟，恐他野心颠覆朝野，于是下令追杀义经。义经率6名亲信乔装僧侣，掩人耳目，日夜逃亡。一众欲前往加贺国，但必须越过关口安宅，四面楚歌，心情就如踩虎尾般战战兢兢。本片也是黑泽明刻画人性的经典作品之一。

相关链接
XIANGGUAN LIANJIE

电影《美好星期天》

《美好星期天》拍摄于二战刚刚结束后的1947年，往常黑泽明电影的出场人物大都是盛气凌人的武士，但本片却一反常态，用愉快的笔触，写一对年轻充满忧愁的恋人在星期天怎样把种种烦恼抛诸脑后的经过。影片男主角雄造向情人昌子求爱的情节，令当时年轻观众看得意马心猿。一对恋人在废墟中幻想着未来经营小餐馆的场面，也叫人看得心往神怡。

惊世之作——《罗生门》

> 我历来是通过画面来让观众自己去理
> 解影片的含义，而非通过语言说教。
>
> ——黑泽明

1950年，黑泽明拍摄了《罗生门》。第二年，在威尼斯国际电影节上获得大奖。该片为日本电影进军世界影坛，起到了先锋作用。它是日本电影史上非常值得骄傲的一部杰作。尽管黑泽明的所有作品都能给人

→《罗生门》剧照

留下深刻的印象，但到目前为止，仍然是这部《罗生门》为他树立了作为一个世界级电影导演的最终形象。

《罗生门》的剧本是根据日本作家芥川龙之介的短篇小说《筱竹丛中》（1921年）改编而成的。然而却取了芥川的另一篇作品《罗生门》作为题名。

原作《筱竹丛中》是以日本10世纪著名的故事集《今昔物语》中的一段故事为题材创作的。原故事情节很简单，只是写一个武士带着妻子赶路，路上被强盗骗到灌木丛中绑了起来，然后强奸了他的妻子。强盗走了之后，武士又和妻子继续赶路，但妻子却对他说："你身为武士，却连妻子都保护不了，甚至自己也被绑了起来，你真是个没用的蠢货。"芥川龙之介从这个短故事里得到启示，以该事件有关的7个人重新结构成一个复杂的故事。

在芥川龙之介的小说里，改成了武士金泽武弘在灌木丛中被强盗多襄丸杀死，武士的妻子真砂只身逃走。在纠察使署里，被捕的多襄丸和出面作证的真砂以及借助巫女之口陈述经过的武弘，各自陈述事情的真相。但是，由于3个人都站在自己的立场上，把事件的经过都说得对自己有利，结果口供完全不一致。多襄丸扬扬得意地说：他强奸真砂之后，本来想走。可真砂哭着拉住他不放并说："或是他多襄丸，或是她

丈夫，两人必须死一个。"于是他便和武弘决斗，杀死了他。据真砂说：她被强奸后，被绑在树上的丈夫用阴森、轻蔑的眼光盯着她，她丈夫对她说："杀死我吧！"于是她在屈辱和精神错乱之中，用小刀刺死了她的丈夫。而借巫女之口说话的武弘所陈述的就不一样了。他说：多襄丸强奸了他的妻子之后，要求和她结婚，妻子想跟多襄丸走，便让他杀死她的丈夫。多襄丸吃了一惊，推开她走了。妻子也离开了那里，之后他自杀了。

黑泽明对此很感兴趣。除了多襄丸、真砂、武弘三人的供词之外，改编时又决定增加了一个亲眼看到这事件的樵夫的供词。为了拍电影而创作的第四个人（即樵夫）的供词是：多襄丸为了娶真砂为妻。割断绑武弘的绳子要与他决斗。可是武弘说他才不愿意为这样的女人决斗。于是真砂也采取了同直到此时此刻截然相反的态度，大声痛骂他们俩，有意激怒二人，让他们决斗。然后趁他们决斗之际，只身逃走了。

　　樵夫的这段话也被事后听他讲述经过的打杂儿的所揭穿。打杂儿的说：实际上樵夫一定是从现场上捡走了刀，所以有一部分也撒了谎的理由，因此可以认为，他的话接近事实。这就是说，樵夫的这段叙说，并不是为了把事情的真相变得更加难以理解、更加复杂而加上去的，恰恰是为了揭露只图对自己有利而把

← 《罗生门》剧照

自己打扮成诚实人的3个当事者的各种谎言而增加的。

《罗生门》是一部主张相信人和存在客观真理的作品。否则便无须特意加上目击者樵夫叙述事件经过这一情节了。黑泽明并不是为了说明樵夫的话也有若干谎言，所以事件的真相仍然不明白才这样写的。樵夫最后收养了弃婴这一情节，正是黑泽明出于他主张人类之爱精神的伦理动机，才在影片中这样安排的。

实际上，《罗生门》究竟是主张相信人的作品还是主张人不可相信的作品，争论起来并无多大的意义。如果要讲人可以相信，那么对于黑泽明来说，除此之外适当的题材也不是没有。如果说他主张人是不可相信的，那么可以想见，就没有必要对加在结尾部分的人道主义色彩进行一番辩解了。黑泽明选择这一题材的动机，主要是想试试自己的导演技巧。正如他在获奖之后谈感想时说的："如果这部作品作为现代剧受奖的话，我就更高兴了。"从中可以看出，他似乎并不认为这部作品完全反映了他的思想。

《罗生门》在拍摄过程中，黑泽明充分发挥运用了他精湛的导演才能，唯其如此，《罗生门》才最终成为一部杰作。你们可以从以下几组镜头中，管中窥豹，领略一下黑泽明的导演技巧是何等华丽夺目。

例如：樵夫（村乔扮演）钻进灌木丛中，透过树

←《罗生门》剧照

枝的空隙拍摄阳光，光芒灿烂。然后是武士的妻子真砂（京町子扮演）在同一片灌木丛里遭到强盗多襄丸（三船敏郎扮演）的蹂躏。强盗在绑着她丈夫武弘（森雅之扮演）的树前紧紧地抱住她，拼命地接吻。她接吻时睁开的眼睛里，太阳一闪一闪地发着光。这部分是这样拍的。

▲哭泣的真砂（特写）

后景的多襄丸走近前来。真砂用短刀猛扎，多襄丸让过去，然后拦腰把她抱住。

多襄丸：（笑）"哈哈哈……"

▲武弘（特写）

下意识地闭上眼睛。

▲拥抱真砂的多襄丸（近景）扭过头来向武弘笑，强吻真砂。

▲太阳（远景）

▲仍在接吻的多襄丸和真砂（特写）

▲摇摄大树的梢（仰角远景）

▲继续接吻的二人（仰拍远景）画面的左前方是多襄丸的后脑勺。真砂睁开眼睛看着他。

▲太阳（远写）

▲仍在接吻的二人（特写）

▲太阳被浮云遮住（远景）

▲仍在接吻的二人（特写）画面的左半部是多襄丸的后脑勺，右半部是真砂阖起来的左眼。

▲真砂的右手（特写）握在手里的短刀，出溜一下掉了下来。

▲戳在地上的短刀（特写）

▲接吻的两人（近景）真砂的手搂住多襄丸的脊背。摄影机往前推，拍摄汗水粘在多襄丸隆凸的肌肉上的蓝褂子，以及迟迟疑疑地抚摸着多襄丸脊背的真砂那只白手。

（引自《电影旬报增刊·名作电影剧本选集》1952年10月11日）

单是强盗和女人接吻这一简单动作，就分了14个镜头，有节奏地组接在一起。这些镜头之所以给人以强烈印象，是因为镜头之间反复穿插了太阳的特写镜头。京町子扮演的真砂看着太阳遭到蹂躏。当她被耀眼的光芒照得视觉模糊的时候，摄影机调转镜头，把多襄丸脊背的汗珠——同样在阳光下闪闪发光——拍摄得宛如钻石一样美丽。并且让真砂的手爱抚着那满是汗珠的脊背。暗示她当时的心态。作品表现的是不论是善或是恶，一切都暴露在光天化日之下的赤裸裸的人性。

《罗生门》是一部令人难忘而银幕形象又极其丰富的影片。比如，多襄丸骗了武弘把他绑在树上之后，为了把真砂骗来，他在透过树木的繁枝密叶洒下闪闪

←《罗生门》剧照

阳光的灌木丛中高兴得大喊大叫地奔跑这场戏，也是用14个镜头节奏明快地组接起来的。这是过去日本电影中所表现的流动美的一个典范之作。日本电影中的这种有节奏而速度快的流动美，过去只是在传统的古装片中表现被害者的悲壮美的场面时才应用。也就是说，这种表现手法是作为被害者的美学而锤炼出来的。

在《罗生门》中，黑泽明把一跃而起扑向猎获物的加害者的狂喜，升华为流动美，无疑使日本电影美意识中的一部分发生了变化。当然，这里所谈的施淫威者式的狂喜并不是作品的主题。把这样的狂喜所带来的罪恶及其狂暴，用不亚于这种狂暴，似乎要把这种罪恶冲洗得一干二净似的暴雨猛击罗生门的情景，在各人陈述供词的每一段落的间歇中穿插切入。

那么，问题是像这样连太阳、雨也动用起来，创造出欲望、欢喜、罪恶、伏罪等等，这样大的情念的起伏意味着什么呢？面对着太阳犯罪，面对着太阳达到从犯罪中获得愉悦的极致。这样的形象大概迄今为止在日本电影中是没有的。罪也好，恶也好，一般都以微暗的黑夜最为适合。《罗生门》问世几年后，日本开始流行所谓太阳族的电影，都模仿《罗生门》，但没有一部能与《罗生门》相媲美。

黑泽明在导演时使一种形式纯粹到结晶的程度，

而这种形式，对于人是可以信赖或是人不可信赖的这样用语言解说的观念，可以说已经是无足轻重了。

在《罗生门》中，黑泽明对客观真实的性质和它与主观现实之间的关系做深刻的探索。这种探索，正是以往日本电影所缺少的。他挖掘了电影创作中的全部因素，并且成功地传达了他的主题内容的各个复杂而又相互联系的方面。正如他自己所讲的那样："这个剧本写的就是不加虚饰就活不下去的人的本性。"他称芥川的小说"以锋利的解剖刀剖开人性最深奥的部位"，而他正是以小说中的景色作为《罗生门》的背景，"以错综复杂的光和影的图像，来表现这个背景中蠕动的人们奇妙的心理活动"。为此，黑泽明把事件发

→
《罗生门》剧照

生的地点迁移到了奈良深山的原生林中，充分地利用太阳、光、雨和森林来表现一种阴森而郁闷的氛围，并且将这种氛围与人类社会的罪恶、暴虐、死亡等等紧紧地连在了一起。

《罗生门》成为震动世界影坛的高水平影片，获得了"毫无瑕疵"和"给人极深印象"的成就，看来的确是当之无愧的。

"集大成之作——《乱》

怎么也是干，要干，那就要有独创性。

——黑泽明

1985年，75岁高龄的黑泽明完成了他的第27部作品《乱》。这部场面壮观、气势磅礴的巨作在第一届东京国际电影节首映后，引起了强烈反响。日本东宝系统的198座影院同时公映该片，从清晨起就有热心的观众排起长龙等候购票。影片放映时，连影院内的过道上都挤满了观众，盛况可谓空前。

这部影片取材于莎士比亚四大悲剧之一的《李尔王》，以日本16世纪的战国时代为背景创作而成。它记述了一个武士家庭的盛衰。影片故事情

← 莎士比亚画像

节与《李尔王》大同小异，不同的是李尔王是把领土和城堡传给他的 3 个女儿。而在这部影片中，由于 16 世纪日本还处于封建统治时期，王位只能传子不传女，所以影片把 3 个女儿改为 3 个儿子。主人公是一显贵家族中的一个诸侯，名叫秀虎。当时国家尚未统一，诸侯各自割据一方，经常发生内战。秀虎身经百战，赢得了许多土地和城堡，因此刚愎自用。他因年事日高，决定把王位传给长子，并让其他两个儿子帮助长兄保卫江山。长子、次子对秀虎这一决定十分高兴，极尽阿谀奉承之能事。三子三郎看到哥哥对父王的假意殷勤十分不满，于是向父王进谏，认为这一决定太不明智，将来必定造成兄弟不和，发生纠纷和内战。秀虎

→ 黑泽明

不但不听三子的忠告，反而大怒，将他放逐边疆以示惩罚。然而，当他一旦退位，失去权利和王位后，长子立即对他冷淡甚至辱骂。老王不堪虐待，只好到次子家居住，不料同样受到冷遇。身边的侍卫和随从也被尽数遣散，只剩下一个忠心耿耿，大智若愚的傻仔。君臣二人无处容身，只有流落荒郊野外，风餐露宿，受尽屈辱。这时，次子为篡夺王位阴谋杀害了长兄，并欲霸占长嫂为妻。长子遗孀洞察其野心，佯与要好，乘其不备，一刀刺穿了他的喉咙。其他诸侯见老王退位，新君被杀，民心大乱，遂乘机大举发兵进犯。贬戍边疆的三郎闻讯赶回，在荒野之中找到父亲。老王见昔日为己所不容，而今在危难中前来救援的三郎，羞愧难当。三郎率众迎战敌军，最后虽然打退了敌人，自己也战死于沙场，只剩下老王秀虎一人，在王宫中孤独地死去。

《乱》描写的虽然是古代日本的故事，但它反映的问题却是现代社会普遍存在的。影片所涉及的老年问题、家庭问题、父子关系、生死观念等无不为当今人们所关注。基于这一点，可以说影片具有较强的现实意义。有人认为，这部片子"达到了黑泽明世界的顶点"。

《乱》的初稿完成于1976年。至少早在10年前，

→ 黑泽明

他就准备完成这部巨作。可见，黑泽明打算拍摄这部影片是酝酿已久的事。只是由于筹集资金困难重重，才使影片拍摄数次搁浅，最后不得不借助法国影界资助的1150万美元，才使得影片于1984年6月1日正式开镜。

这部电影拍摄历时9个月，耗资26亿日元，堪称日本电影史上的最高预算。为了真实地再现日本战国时期的历史风貌，专门在富士山麓用4亿日元建造了3座模仿古代姬路、熊本、丸冈3座古城的城堡。制作城堡的全部木材均用船从美国运抵日本。

影片使用的以日本古老剧种——能剧的装束为基调的1400多件戏装，均由服装原产地花了3年时间精工制作而成。主要演员的戏装全部采用手工缝制、印染，每件制作费高达500万至1000万日元。

在摄影上，黑泽明采用3台摄影机多方位同机拍摄。如"火烧城楼"一场戏，竟同时使用了5台摄影机，并大量运用移动摄影和俯瞰镜头，赋于大规模的激战场面的流动美和运动感。影片使用的胶片20万英尺，并拍摄彩色剧照72 000张，黑白剧照36 000张，制作的录像可放映140个小时。参加影片拍摄的工作

← 黑泽明

人员就有3万人。演员（包括群众演员）为12万人，并动用了15 000匹马，其中有58匹特种马是特意从美国的科罗拉多州用专机空运到日本的。

由于影片中的大部分镜头是铁骑奔驰，刀光剑影的大规模激战场面，因此外景拍摄任务十分繁重。在这当中备尝艰辛的要数众多默默无闻的群众演员。他们身着厚厚的铠甲，头顶炎炎烈日，为了拍几个互相冲杀，短兵相接的镜头，要奔跑整整一天，有不少人因中暑当场昏倒。

在外景拍摄中，有些戏要借助于老天的威力才能得以完成。然而若不小心，有时也可能遭到大自然的报复。为了拍摄一组暴风雨中的荒野镜头，摄制组借助台风的本领，于8月19日在九州等待10号台风的登陆，一切准备就绪，却因风力不足未能如愿以偿，一直等到21日方才完成拍摄。一场戏下来后，演员和工作人员都被淋得浑身湿透。

9月，摄制组到日本有名的活火山阿苏山火山口附近的砂千里拍外景。正值火山活动频繁之时，幸亏预测所及时下达了避难的命令，才使得摄制组全体人员免遭这场飞来横祸。

黑泽明之所以酝酿多年坚决要拍成这部气势磅礴的大作，其主导思想盖源于他的人道主义。他坚信，善有善报，恶有恶报。秀虎一家毁灭的悲剧，并不使人感到可悲和惋惜，突出的感觉善是恶之报的终结。作者的确是让所有的观众同他一起，高踞苍穹，俯瞰着人间这一场十分愚蠢的骨肉相残终至同归于尽的悲剧。

《乱》从筹划到开拍费时9年，是黑泽明视之为毕生事业的作品。以往有人问黑泽明："哪一部影片是您的最高杰作？"黑泽明总是回答："是下一部作品。"但当他在拍摄《乱》的过程中，又有人向他提出同样的问题时，唯独这次，这位75岁高龄的导演明确而又自信地答复说："是《乱》！"

当黑泽明被问到这部影片的主题思想时，他说："我历来是通过画面来让观众自己去理解影片含义，而非通过语言说教。"后来他又说，他认为在当前世界上最重要的是人与死亡的关系，每个人生下来就注定了他一生的命运，但到头来终不免一死。影片最后一场戏，是一个战后幸存的双目失明的青年来到秀虎的王宫。那里已经是断壁残垣，荒草片片，一座佛像被扔在墙角儿。所以，有的影评家认为这虽是一部表现诸侯和家族之间争斗的历史片，但也象征着核时代争霸世界的战争。黑泽明把故事背景放在16世纪日本文艺复兴时代，可能是为了说明文明世界也有战争和毁灭这一主题，正如影片主人公对侍臣"傻子"说的一句

→黑泽明

警言："即使上帝和菩萨也挽救不了人们所做的毁灭性的愚蠢行为。"

《乱》以拍摄场面宏伟、气势磅礴而驰名，自然引起了世界影坛的关注。本来这部影片是要送展法国戛纳电影节的。后来日本决定举办首届东京国际电影节，于是未送戛纳而作为日本重点片在东京电影节展出，使得戛纳电影节的组织者们大为扫兴。影片发行后，有30多个国家购买了《乱》的发行权。黑泽明早已步入古稀之年，但他仍在夜以继日地工作，他的行为令人感动和震惊。他向既成概念挑战，向旧事物挑战并打破它，不断走向新的表现，进行新的创造。他以自己出色的艺术实践，为日本电影事业做出了不可磨灭的贡献。

相关链接
XIANGGUAN LIANJIE

莎士比亚

莎士比亚，1564年4月23日生于英国中部瓦维克郡，1616年5月3日病逝。是英国文艺复兴时期伟大的剧作家、诗人，欧洲文艺复兴时期人文主义文学的集大成者。莎士比亚的代表作有四大悲剧：《哈姆雷特》《奥赛罗》《李尔王》《麦克白》。四大喜剧：《仲夏夜之梦》《威尼斯商人》《第十二夜》《皆大欢喜》。历史剧：《亨利四世》《亨利五世》《查理二世》等。还写过154首十四行诗，两首长诗。本·琼生称他为"时代的灵魂"，马克思称他和古希腊的埃斯库罗斯为"人类最伟大的戏剧天才"。他的大部分作品都已被译成多种文字，其剧作也在许多国家上演。

精湛的思想内容

电影是美妙的，但要抓住其中的真意
却非常困难。我向诸位保证，从今以后我
将更努力地拍电影。唯有这样做下去，我
才能够了解到电影：真意。

——黑泽明

黑泽明是世界最著名的导演之一。1951年威尼斯
国际电影节上，他的名作《罗生门》获得大奖之后，
引起国际影坛的瞩目。此后，《活着》《七武士》《珠网
宫堡》《保镖》《红胡子》等片，以及1980年获得戛纳
电影节大奖的《影子武士》都相继受到世界观众的欢
迎。75岁时他又完成了《乱》，再一次使世界震惊。80
岁时完成的《梦》，获得了第62届奥斯卡特别荣誉奖。
一顶顶桂冠，一项项殊荣，使黑泽明终于从东方走向
世界。

黑泽明的影片之所以具有如此之大的魅力，是与
其高超的艺术技巧，各具风采的人物形象和作品精湛
的思想内容分不开的。他的作品经常表现的是善与恶

的搏斗，美与丑的冲突。不论是古代题材还是现代题材，概不例外。他永远追求的主题，其核心就是表现"大丈夫气概"的人。他作品中的主人公都有正义感，为正义不惜献出生命，活得勇敢顽强的人。这种人有强健的体魄，顽强的意志，对事业具有强烈的追求精神，不达目的誓不罢休。即使是体弱多病的人，也必须有为了他人，为了事业，顽强活下去的毅力。

黑泽明的作品中，古装片占相当大的比重。这些作品中的主人公都有高超的武艺，以武惩恶，正义感极强。如《红胡子》中忘我地给病人解除痛苦的老医生，不仅坚信"医乃仁术"，而且还是个把流氓打得落花流水的武林名家。现代作品中，他对于那些遭到社会、政治压力而力求上进的正直善良的人们寄予了无

限的同情。正因为这个缘故，他平生只拍过一部以女人为主角的影片——《最美》。事实上，这部影片中的女主人公仍然是一位不让须眉的巾帼女丈夫式的人物。

欣赏回味黑泽明的作品，不仅可感受到其中散发的浓厚的艺术气息，仿佛还可以触摸到那跳动着的时代脉搏。

一、体现"禅"的思想

日本是一个崇尚佛教的国度。因此，与佛家有关的气息，弥漫在社会生活的各个方面，文学艺术作品也不例外。但是，像黑泽明那样在其作品中，体现得那样多，那样深，在日本电影导演中还是不多的。他把禅的思想加进他所创作的电影剧本和电影里是有其原因的。

黑泽明讲：战时人们不可能创作自己想拍的作品，所以，从现在起该创作自己真正愿意创作的作品了。于是开始了他战后的创作活动。在影片里，他把人是如何超越不安感作为重要的主题，反复地加以表现。《平静的决斗》（1949年）、《活着》（1952年）、《活人的记录》（1955年）等片都是如此。从这些影片中可以明显地看出黑泽明禅的思想的发展与变化。在《泥醉天使》《野狗》（1949年）、《七武士》（1954年）、《红胡子》（1965年）等作品里，所表现的也正是在困难面前不为此而不安，能冷静判断、果断行动的杰出人物。他们优秀然而血气方刚感情用事，或者容易为那无谓的批判精神左右，在同不能采取适当行动的年轻人的对比中展开故事。这也是从《姿三四郎》中开始的禅的思想师承关系的发展与变化。

在这些作品里，黑泽明决没有把禅的思想像《姿三四郎》里所表现的那样，看到莲花开放就大彻大悟，以随心所欲的流行公式去刻画，而是描写一个想克服浮躁、恐惧却又不那么容易做到的人物。从这个意义上来说，《活着》和《活人的记录》这两部作品，倒是体现他这类思想的顶峰。即使根据屠格涅夫原作摄制的《白痴》（1951年）或是根据莎士比亚的《麦克白》改编的《蛛网宫堡》（1957年）也能找到这种思想的脉络。这些作品都对主人公在大彻大悟前那些不容人们醒悟的来自社会和人类本身的种种困难，作了认真的描绘，从而创造出有自己独特的理想在内的现实主义作品。这里，黑泽明不仅着力表现来自社会和人类本身的种种艰难险阻，甚至对坏人也表现出关心。在他看来，所谓坏人，并不是不知羞耻的人，而是不打算很快醒悟的人，也是不容易顺从命运的人。

他拍《姿三四郎》，首先是想让观众轻松愉快。对于黑泽明来说，姿三四郎是个英雄，同时还有几分滑

→《白痴》剧照

稽，甚至还稍有一点小丑的戏谑。这种成分，在影片
《七武士》以及《保镖》（1961年）、《椿十三郎》（1962
年）里结出了丰硕的果实。然而，重要的是这种滑稽
场面并不是为了博观众一笑或使英雄漫画化，而是展
示了一般大众在惊慌失措或过分紧张时，都会出现的
由迟钝茫然而产生的滑稽动作。这里，也可以看出黑
泽明一贯把处乱不惊、临危不惧认为是最高美德的禅
的思想。

二、矛盾与冲突贯穿作品主题

黑泽明作品中的人物，无论是正面的或反面的，
主要的还是次要的，都性格鲜明，栩栩如生，很有立
体感。他常常把作品的主题放在刻画正义豪杰上，描

写他们如何从从容容地把那些被邪恶的破坏性冲动所迷惑的人彻底制服。《姿三四郎》《泥醉天使》《七武士》都能活生生地表现这一点。他在回顾创作《姿三四郎》时说过，导戏过程中，有时不惜打破原计划的平衡，把感情转移到被破坏性冲动所迷惑的人物身上，在反面人物上下了一些功夫。因此，他创造的人物就能活生生地表现他自己内在的矛盾与冲突，能使人感到不同于普通的英雄豪杰的传记，因而引起更强烈的共鸣。

"本来是否定流氓的，然而遗憾的是，看完了它使人感到好像对流氓的韧性给以颂扬似的。"（黑泽明《我的影坛生涯》，载《电影旬报》，1963年4月增刊号）《泥醉天使》是黑泽明早期的代表作之一。在他看来，流氓一类的人，在伦理上是应该而且也是必须予以否定的。然而在内心深处，他还是强烈地爱着

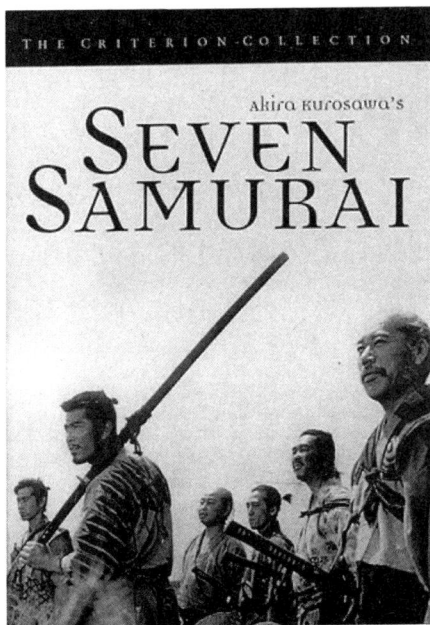

← 《七武士》电影海报

所描写的人物。不然的话，就无法理解为什么流氓被
刻画得比本来应该是主人公的善良的医生更有吸引力
了。在《姿三四郎》和《姿三四郎续集》里，黑泽明
像爱矢野正五郎、姿三四郎那样，也爱反面角色——
凶暴无赖的桧垣兄弟。正是由于存在着这种矛盾，才
形成了黑泽明作品的魅力。只有既努力否定它，又把
它写得很吸引人，在感情冲突中才能恰当地表现作者
的欲望，而只有通过意志与欲望的斗争，才能使影片
成为表现出强有力的人的声音。

　　《七武士》（1954年）作为武打戏来说是一部力作，
即使用世界水平衡量，也可以说是一部杰作。作品对
七个武士的性格一一精心构思，对人物形象倾注了黑

→ 《七武士》剧照

泽明全部的感情。他们每个人都有自己的人格，又都有高超的武艺。在《保镖》（1961年）中也是如此。把出场的人物都作为具有各自不同的现实生活的人来描写，这就使观众感受到各种不同的人生。像昆虫一样对外来刺激的反应只是惊慌失措的人，和利用精神抵抗外来刺激，进而为了建立主体秩序的人，这两者之间对立与冲突，就是贯穿于黑泽明大部分作品的基本主题。

三、否定怯懦，强调表现精神是作品的主流

战后初期两三年间的日本电影，一般来说，使人觉得可怜的印象是强烈的。尽管现实有残酷的战争，有暴虐的军人，但在情绪上认为不能以激烈的调子来描绘这种现实，则是当时普遍的现象。就是军人，这个人的概念也是善良民众的忠厚的心。黑泽明则与此相反，他不同情弱者，并力图通过自己的作品去打掉弱者的怯懦和无能。他认为，弱者犯了没有为了使自己变成强者而努力的罪过，因此弱者就成了强者的食物。他主张，弱者的命运可以同情，但决不应该怜爱。黑泽明的作品在日本电影中所以具有特别明显的个性，原因就在于此。同期的其他电影作家，以尊重人的软弱，使自己战时和战后的影片保持了艺术上的一贯性。黑泽明却不然，他发现人的怯懦正是由于自身的奴隶

根性所致，并决心要把这种奴性摧垮，所以才创造出与当时作品截然不同的新的日本电影。

黑泽明否定怯懦，和他早期拍摄的影片《姿三四郎》中所宣场的英雄主义是一脉相通的。他就是要毫不隐晦地暴露封建式的法西斯主义遗留在日本民众心中的丑恶伤疤，使每个人都能看到或懂得自己未来的新的生活。

黑泽明的作品，强调表现精神上的意义。从他的处女作《姿三四郎》开始，始终充斥着粗野的暴力形象。这是和要求树立自我的日本民众的心理要求紧密相联的。他重视的是作品表现出来的精神上的强健，《罗生门》《活着》《平静的决斗》都有这种意义。

在他的作品里，还有一种现象，即往往是反面人

→ 《姿三四郎》剧照

物发挥绝对魅力。这是因为，在黑泽明看来，只有反面人物才是受自己欲望驱使而生活的。他可能是从日本人过于驯服的性格中发现了本民族最大的丑恶，认为日本必须首先消灭驯服。所以，他在自己的作品里，始终宣扬不为别人的意志所驱使的人；明确地意识到自己是坏人的反面人物，比那奴隶般的好人不知要强多少倍。这在《七武士》《保镖》等描写武士的形象特别突出，他把抵制绝对服从看作是人在戏剧中的本来面目；而恶，不仅仅表现恶的本身，同时，它也是改变软弱无力，只知作驯服百姓的一种力量。

四、宣扬真诚的道德主张

黑泽明是一位在影片中固执地强调道德观念的艺术家。没有道德观念，他的电影便不能成立。因为他的道德观念是以人的善良和悲伤作为基础，所以有深深打动人的力量。在他的早期作品里，如《美好的星期六》（1947年）就极其少见地向观众提出了苦于回答的疑问：“仅仅有了爱，是否就能逾越贫穷的不幸？”从他以后的作品中看，黑泽明作为电影作家的创作技巧已完全趋于成熟。他热切希望通过电影向同时代的人宣传道德观念的劲头更加高涨，试图让观众在娱乐中来思考更具有理性的东西。《泥醉天使》里，他试图塑造出在道德沦丧的社会中坚持道德信念的人物形象，

→黑泽明在日本静冈县拍摄现场

然而流氓无赖的形象比主人公更具有魅力。直到10年后创作的《坏蛋睡得最香》《天堂与地狱》两部作品之后，他才开始意识到，过去那种具有压倒力量的现实感和魅力的风俗描写，似乎是故意的夸张。在他以往的作品中，根本不可能取得很好的平衡，只有《活着》和《活人的记录》两部作品才成功地展开了具有非常充实的现实内容的风俗描写，并提出了真诚的道德主张，《活着》描写的不是超凡的圣人，而是普通人。他们对于人能够从卑微的存在变成伟大的存在这件事，经过怀疑终于相信，相信之后又有所怀疑，即感觉到理想与现实之间存在着悲剧性的距离，这种感觉甚至伴随着悲伤刺痛观众的心。影片所表现的主人公行动的崇高，是通过描写那些毫无自尊心而又无聊的人深深悔恨自己的渺小而被衬托出来的。因此，它就有了引起观众共鸣的现实感。"为了社会而尽力的有益工作，不论多么平凡都是伟大的。"也许，这就是黑泽明所喜欢的武士风度的道德观念。

看《活人的记录》等片，更能使人感到它们都是宝贵的、注入了作者诚实灵魂的作品。黑泽明为什么不把氢弹问题作为政治问题，而要作为家庭中个人自由的问题来表现呢？这恰恰是他的电影所要暗示的主题：所有的人都必须忠实自己的欲望，成为一个自由的人，这种思想在《暗堡里的恶人》《保镖》中都能体现出来。他作品中的英雄都是忠实于自己的，这在《无愧于我的青春》《蛛网宫堡》和《坏蛋睡得最香》中都能找到这样的形象。人的自由，包括敌视国家和主人一并从中逃出来的自由人的自由，在他的作品中虽然忽隐忽现，但始终是一个源源不断表现出来的重要主题。

对黑泽明来说，束缚人自由的并非只是权力，家庭所代表的私生活上无足轻重的意识本身，也同样束缚着人们的自由。尽管《活着》中的家庭只是使主人公失望，不过还没有达到束缚他行动的程度。但是，在《活人的记录》中，这种束缚却具有了使主人公发狂的威力。人到底怎样做才能获得自由？《活着》的回

答是：一个人要自由，只要下一个决心就可以实现；但在《活人的记录》中却得出：整个人类不可能全都获得自由。这部作品中戏剧的紧张气氛就在于围绕着自由的问题而产生的绝望和希望的矛盾之中。

黑泽明的影片，自《无愧于我的青春》以来，一直探求依靠人类不断地主张自我，到达自由之路。这对于许多得以自我觉醒的人来说，像是一颗指示精神发展道路的导航灯。认真探求自我和自由，也就是现实地正视和研究自由的障碍。从《美好的星期天》到《活着》的现实主义，不是单纯地把现实原封不动地接受下来，而是在"自由是什么？"这一观念指导下，现实主义地进行探究。在这个意义上可以说，《活人的记录》达到了前所未有的深度。

五、反映权威意识的衰落

在黑泽明的电影里，凡是把家庭幸福无条件地看成是好事的人，大概都要遭遇不幸。而只有对家庭感到绝望时，才开始出现一个社会的人。不仅如此，诸如《姿三四郎》中的柔道家，《泥醉天使》和《平静的决斗》中的医生，《七武士》中的武士们等等，这些英姿飒爽，阔步出现在舞台上的优秀人物，都是没有美满家庭的放浪者和奇人、怪人。这种反常的确也给人留下了极其深刻的印象。

黑泽明早期的作品是受到来源日本社会家长制权威的秩序观大力支撑的。从《姿三四郎》到《泥醉天使》《野狗》《红胡子》为止。这种家长制权威下的人

← 《泥醉天使》海报

与人之间的关系，大多不是真正的父与子的关系，而是形同父亲一样的他人与形同儿子一样的他人之间职业上的关系。后来，这种情况发生了变化，在《活着》《活人的记录》等几部片子里，他试图描写真正的家庭关系、父子关系，而且往往父亲同儿子相比，父亲又总是处于完全无力的败北者的地位。

黑泽明以极其悲切的心情描写亲生父子之间的那种家长权威的崩溃，如《乱》。同时，又以那样亲密和

交织着强烈爱的情绪，描写职业上的先辈和后辈的关系。在这两者之间，反映他一种微妙的心理变化。在《红胡子》等片中所见到的是，他在并非家庭的场合下憧憬着家长秩序；而在《活着》里，人们看到的却是处于实际家庭的情况下，他意识到了家长制权威观念的崩溃。

在黑泽明中、后期的影片里，父亲只是期待儿子们对自己的行为采取体谅的态度。可是当儿子们对父亲的如此期待表现出给自己添了麻烦的样子时，父子之间的关系便一刀两断了。真诚的父与子之间的关系到头来仅仅是一种幻灭。只有在先后辈的关系上，才能找到那种人格的感化力。这种思想实际上是日本社会家长权威日益衰落的现实反映。

六、刻画独特的妇女形象

黑泽明影片中的妇女，不是用憎恶的目光注视男人，就是用纯洁爱慕的眼光看着男人。女性没有被男性视为性欲的对象，也没有作为母性而被敬慕，好像只是为了使男人感到强烈的羞耻心才出场的。

黑泽明描写妇女是笨拙的，许多评论文章都有这样的看法。事实上留下美好印象的妇女也不少。如《无愧于我的青春》中原节子扮演的八木原幸枝；《白痴》中原节子扮演的那须妙子；《罗生门》中的真砂；

《蛛网宫堡》和《在底层》两片中的山田五十铃。这些个性特别突出的妇女形象，令人难以忘怀。《红胡子》中香川京子扮演的疯女人也有独到之处；矢口阴子主演的《最美》（后来她成为黑泽明夫人）片中那个精力充沛献身于生产的女主人公，给当时的年轻观众留下了优美高雅的印象。至于配角，像《活人的记录》中根岸明美扮演的年轻小妾，《活着》中小田切美纪扮演的玩具厂的女工等，也都由于富有个性的演技而留下令人难忘的印象。

按着上述顺序开列黑泽明塑造的印象深刻的妇女形象，几乎找不到百分之百像个女人的妇女形象。他只是塑造了距离百分之百的妇女这一概念无缘的妇女，而且把她们刻画得极其生动。当他想描写非常普通的妇女时，这样的形象却没有给人留下深刻的印象。如《美好的星期天》中北千枝子扮演的昌子对情人充满温柔体贴之情，也就是一些人认为的是百分之百的女性，结果是观众印象平平。《平静的决斗》中，三条美纪扮演的松本美佐绪，美丽、贤惠，是个很有教养的人。她娴淑恬静，是个具备了无可挑剔的条件的女主人公，结果仍是平平淡淡。《坏蛋睡得最香》以及《天堂与地狱》中，香川京子扮演的资产阶级年轻夫人的角色，使人联想到如果在《平静的决斗》中松本美佐绪婚后

→ 《平静的决斗》海报

也成为这样一位夫人，可以想象她一定是一位贞淑贤惠的好妻子，结果还是会平淡无奇。

黑泽明刻画的妇女形象中，具有个性魅力的都是有坚强意志的妇女。她们都是独立于男人之外，能够靠自己的力量生活的妇女，是以出色的坚强性格使男人怀有伦理的羞耻心的妇女。黑泽明认为，只有羞耻心才能使悲惨的人复活为完善的人。尽管有人说他描写妇女形象很笨，但也必须承认，他是一位不下功夫就能把女人拍得很美很美的导演。

相关链接
XIANGGUAN LIANJIE

电影《七武士》

《七武士》是黑泽明大师的经典作品之一，也是日本著名男星三船敏郎的表演经典之一，更是日本武士片的经典，不仅在情节模式上、表现手法上影响了很多后来的武士片、西部片，而且好莱坞还曾经把它翻拍成另外一部著名的西部枪战片《豪勇七蛟龙》，至于与此情节相近或相似的影片就更多了，由此可见该片影响之大。

七个武士，应村民之请，为他们抵御强盗土匪，这是影片的基本情节。围绕着这个基本情节，七个武士各具特色各有性格，都在整个组建队伍和对抗土匪的过程中尽显无疑。

黑泽明大师在本片中，除了刻画了最具日本古风的七个武士形象之外，更对武士的资格和身份做出独特的探讨。三船敏郎饰演的第七个武士，其实是一个乡村农民冒充的，他在很多时候流露出武士阶层根本不会有的低级个性和行为，但他也在整个战斗中英勇奋战，得到了武士领导的赞赏，阵亡后

被伙伴们"追认"为武士。

这个角色是七个武士中最显著不同的一个，也是既卑微又可爱的一个，成为日本电影史上最著名的形象之一。

黑泽明的武士电影，除了对性格有更多的刻画之外，其他部分也是一丝不苟，武打场面宏大而真实，是最标准的日本式武打片，曾经影响了古龙的小说和一代港台武打片，即使在今天看来也依然别具风味。

相关链接

XIANGGUAN LIANJIE

电影《白痴》

《白痴》是黑泽明继1950年《罗生门》在日本本土和国际上的空前成功后立即开拍的影片，故事根据俄国文豪杜斯妥也夫斯基的同名原著改编而成。黑泽明的剧力求忠于原作，制作也不惜工本，但完成片版本长达4小时25分钟，松竹公司要求他作大幅度删剪，结果缩成现在的2小时46分。

公映时评论和观众的反映都不理想，但黑泽明却多次表示影片是本人拍得最痛快、没有比拍摄这部影片更投进全部心力的作品，而日本权威影评人佐藤忠男也认为本片是黑泽明作品中"运气最不好、并淹没在严厉批评下、但却充满着崇高的精神美的杰作""结尾时的画面之美，不低于读完杜斯妥也夫斯基的小说时的感动"。

卓越的艺术成就

> 我要求，我的每一部影片都有别于前一部影片。
>
> ——黑泽明

半个多世纪的艺术历程，30余部作品的问世，深深留下了黑泽明勤恳献身于电影事业的轨迹，也展示了作为世界的黑泽明艺术成就的无比辉煌。从《姿三四郎》到《罗生门》；从《七武士》到《蛛网宫堡》；从《乱》到《梦》又到《八月狂想曲》，一部一幅画卷；一部一种风采；一部一座高峰，最终使黑泽明跻身于当代世界50位著名导演的前

列，成为东方电影的骄傲。

一、采用划镜头手法表现人物

谈起黑泽明的电影，给人们留下深刻印象的往往是场面大，有时还带虚张声势的逼人特点。其实，他的导演的基础往往是在简单的场面里，以变化多端的手法来变换单纯的动作，赢得观众的赞赏。也就是说，极为手工艺式的，加工细腻而富有情趣，才把观众引进了令人陶醉的意境之中。如他喜欢巧妙地使用划镜头，摄影机固定在一个地方，人物一个接一个地表演出不同的动作，然后把它以划出划入的技巧剪辑起来，强调哑剧的有趣表演，同时故事情节又有节奏地铺展开来。在影片《姿三四郎》里，姿三四郎和村井乙美在神社的台阶处相见的镜头，反复划出划入，以此暗示两人在一点一点地达到相互理解。在《胆大包天的人们》里，大河内传次郎扮演弁庆，平安地通过了安宅关口之后，模仿富樫的举止，用大盘子一般的酒杯喝酒。之后，表现他渐渐舒服地进入醉乡的镜头，也是采用这样的手法。在导演与技巧上，是袭用了日本歌舞伎《化缘簿》的手法——舞台上的动作是逐渐夸张的，而在电影里则区分段落，有节奏地变化，因而更有它的风趣。在《罗生门》里，纠察使署大堂前白砂席的镜头，摄影机摆在审案官眼睛的位置，只让被

告和证人交替出现，反复以划镜头的手法表现他们。《七武士》把许多来往于街头的浪人们那傲慢的表情一个接一个展现的镜头也是如此。而《蛛网宫堡》的开头，使者报告战况的场面也是采用这种手法。《美好的星期天》的高潮处，沼崎勋扮演的穷小伙子几次从舞台的出口重新走出来，这些手法也与划镜头手法相似，所以，刻画人物十分传神。

二、视觉文化——"能"的运用

能乐是日本的一种古典歌舞剧。舞台上，演员戴着面具表演。黑泽明很喜欢它。在《胆大包天的人们》里，尝试了以能乐的形式拍摄电影。然后，又在《蛛网宫堡》和《在底层》两部作品里加以运用，并注重表现艺术和美。如果单从美学观点看，这两部作品可以说达到了前所未有的洗练。《美好的星期天》和《平静的决斗》中所看到的生硬和稚拙；《泥醉天使》和《野狗》中所看到的闹剧性的庸俗情节；《白痴》和《活人的记录》的冗长和结构的不平衡；等等。总之，在黑泽明迄今为止的作品中存在的艺术上的缺点，在《蛛网宫堡》和《在底层》中都看不到了。影像清新流畅，画面美丽，并且有较高的意境。音乐的巧妙运用，程式化的演技，轻松的画面构图，再配上干净利落的剪接，给整部影片带来了音乐旋律的节奏感。《蛛网宫堡》的优雅，主要是吸收了"能"的表演形式，从而使全剧神秘而且单纯化了。这是一个相当成功的表演。主人公合着"能"乐的伴奏。用"能"的基本演技"擦地步"走路，低头站立的姿势也使人想起"能"，

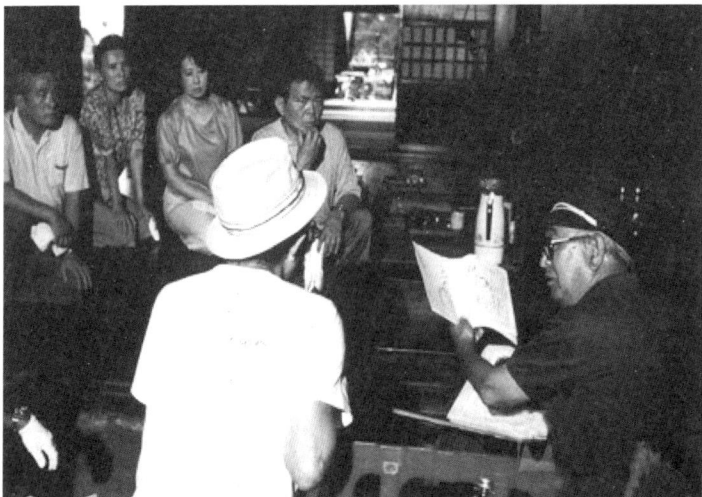

脸上毫无表情的化装也使人想到"能面"。黑泽明自己说："为了使全片采用'能'的表演形式,即使影片出现戏剧性的高潮,也尽量不使观众看到演员兴奋的表情,而是尽量让观众看远距离的全身像。因为'能'基本是以全身的动作来表现感情的。"在这部影片里,动作中的人的形态美,比人的心理、思想、愿望更具魅力。重要的是动作方式,而不是心理。黑泽明把这个方式作为一个视觉上最完善的美学掌握住了,并以此来深深地感染观众。

三、摄影技巧的灵活多变

黑泽明初期的作品,凡是精彩的场面,重要的镜头,往往采用非常多的短镜头组接起来,使影像时而悠扬流畅,时而又急迫逼人。《姿三四郎》有五场柔道比赛的场面,每一场都是以不同的抑扬顿挫来描写的。在影片《泥醉天使》中,黑泽明创造了把激烈矛盾塞进小

小场面的手法的时候，使他发现了用摄影机拍下战后
日本人思想意识的一项技巧。这种技巧和《七武士》
之后的作品中多用远镜头联系起来，一个场面同时用
几架摄影机拍摄，发展成为用特写和远镜头把演员的
动作流畅地联接起来的黑泽明式的独特技巧。在《在
底层》这部影片中，全是一个场面用两部距离角度各
不相同的摄影机拍摄，然后剪接在一起的方法，用的
很巧妙，所以很有趣。一个场面使用两台以上的摄影
机随时变换拍摄角度的手法，能够生动地抓住表演的
连续性，有较好的效果。但在黑泽明的作品里，并不
仅仅是为了效果好才采用这种方法的。黑泽明的摄制
现场，总是在表演中的演员近处放一台摄影机，另一
台从几十米远的地方用望远镜头对准同样的演员。由

于镜头频繁交错在一起，从而产生了一种生气勃勃的运动感，演员的动作更加逼真。同《蛛网宫堡》一样，《在底层》中没有特别的启示，只留下了失去方向的动力摇摆着，移动着，空空如也地消失在空间的画面美。外形美和移动的时间的抑扬就是全部。在这个意义上说，这是很纯粹的艺术作品。

《罗生门》中公堂上招供的一场戏中，有一个场面是真砂被多襄丸强奸后想解开丈夫的绑绳而走近丈夫。当她发现丈夫用轻蔑的眼睛瞪着她时，便大声叫道："别这样，别这样!别这样看着我。"边嚷边在绑着丈夫的树前来回走动，处于精神错乱状态。这可以说是京町子和森雅之运用了他们最好的表演技术，也是最紧张的一场戏。黑泽明在这里用了20个闪回镜头，细腻地刻画了两人互相对看的眼睛，但又不敢正视对方视线，因感到羞耻而苦恼的表情。这一系列的闪回镜头，都是以摄影机微妙的前进、后退、左右移动表现出来的。就像摄影机本身被对方注视而感到苦闷一般，从而表现出人物的内心世界，非常成功。它的分镜头都很短，把这些短镜头连接起来，使人看着也感到自己也随着摄影机一起移动起来。尽管真砂想摆脱武弘的视线，却无济于事；同样武弘也避不开真砂的视线。两方面的闪回镜头，用视线连接在一起，如橡皮筋那

样，有伸有缩，艺术技巧相当完美。

在拍摄《七武士》时，摄影机有时摆得很低，仰摄天空的几个画面，单纯明快，反复强调地展示情节，看起来令人愉悦。武士杀小偷和流氓的情形，都采用了高速摄影机的特技摄影。这一慢动作的巧妙之处就在于称赞武士的高强本领。再有首领勘兵出场的那一大段也十分精彩。前后共用8个镜头，19处对话，179个字，人物一出场就分外吸引人。

四、用对比手法刻画人物

黑泽明作品中的人物大体可分为两种：一种是铮铮铁汉式的，即为被压迫者鸣不平的人物。黑泽明热情地歌颂他们。他认为：恶是一种力量，而善有时有

力量，有时又没有力量。人类社会的恶之所以嚣张肆虐，正是因为善没有力量，成了空洞的善，不能用行动的力量压住恶所招致的。他憎恨恶，也憎恨那些软弱怯懦的善。所以，他对于那些懦夫懒汉，自甘落后愚昧的人并不同情。他作品中的另一种人就是代表各种恶的坏人。这些坏人有的并不露面，有些坏人代表社会的恶，有些则是社会的恶把他铸造成坏人的，而他的本质并不一定坏。

40年代末，黑泽明拍摄了《无憾于我的青春》。女主人公在战争中被看成是间谍的妻子，受到村里人的百般刁难和迫害。然而，当战争一结束，村里的人立刻改变了态度，用尊敬的眼光特别高看她。《美好的星期天》里也把主人公和他的恋人在街上常常碰到的那些人描写成自私自利俗不可耐的人物。

愚昧的民众，胆小的利己主义者，随着形势变化而改变态度的人，这些都是黑泽明电影里不可缺少的人物。而表现的较为典型的还是《生存》中市政府官吏的群像，《活人的记录》里主人公的一家，《保镖》中的流氓和街镇的居民们等等。相对于这些人物出现的是，不为形势变化所左右，始终顽强地把自己的意志贯彻于行动之中的人物。如《生存》中的市民科长，《活人的记录》中的小工厂主，《保镖》中的浪人等。

民众与英雄，平凡的多数与不平凡的个人，这种对比手法是黑泽明创作方法的基础。在《影子武士》中，影子武士本来是个盗贼，即将被处死时，偏巧被武田信玄的胞弟信廉碰见了。由于其酷似信玄，信廉救了他并养在府中充当信玄的替身。在黑泽明的笔下，这个人物写得十分可爱。他知恩必报，有正义感，是非分明，临危不惧，慷慨赴死。黑泽明干干净净地拂去了这个人物外在的灰尘污垢，还其本来面目，展示了他一颗善良的心，并且使他升华到一个崇高的精神境界。而且人物性格刻画得细致入微，生活气息浓郁，表现的情和义，都真实可信。

一个出身于盗贼的微贱之辈，成了替身后，按信玄的遗嘱勤勉从事，保住了武田氏的基业。相反，一个真正的将门之后，信玄的继承人武田胜赖却囿于偏

见，出于自私之心，名分之欲，把武田氏基业毁于倏忽之间。作者正是通过这种对比，揭示了两个不同性格人物的内心世界。

五、运用自然景色、气候烘托画面

40年代末，日本电影艺术的表现力已趋于荒废的时候，黑泽明却在重重制约的条件下，最大限度地追求和发挥电影艺术的趣味性。尽管条件恶劣，他从来不放弃自己对艺术的信心和自尊心。《泥醉天使》首次构成了他电影风格的重要特色：给人以某种窒息之感的构图；多用音乐冲击式的使用方法；常常注意重点表现什么；光亮和晦暗的强烈对比效果；无视先期录音的摄影法；等等。他的电影之所以给人以"某种窒息之感"，原因就是作品中画面上的人物不断地发脾气，而且使出全身力气，用力的程度好像要冲出画面

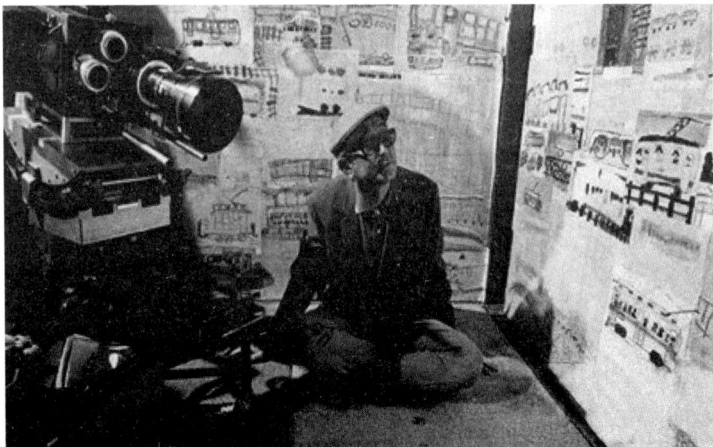

一般，使观众感觉到那是一种力量。

《泥醉天使》之后，已经不太可能看到《姿三四郎》中以原野决斗为戏剧高潮的场面，以及《无愧于我的青春》中以郊区整洁的人行道作为主要场面的景象了。在《罗生门》《蛛网宫堡》《暗堡里的三恋人》里，都把广阔的自然作为戏的背景，画面非常明快。

《七武士》作为一部精彩的武打片，外场景很多。黑泽明说他这部影片是美国西部片的日本版。所谓西部片，就是成群的战马飞奔驰骋的武打戏。一般的导演都满足于像拍赛马那样，横向移动拍摄马匹高速奔跑的美。这样谁都能拍。可黑泽明不理睬马横向奔跑的美，他用广角镜头从正前方拍摄骑着马向村子狂奔而来的强盗，并拍武士和百姓突然从村子里向狂奔的

马群猛冲过来，就在马群的正前方，使马队进退维谷的场面。他不拍马的美，而是拍拼死搏斗的男子汉们无所畏惧的行动。这点和过去的古装片截然不同，使相互残杀更有真实感。使人们感受到，生活在那个时代的武士原来就是这样的人。

黑泽明对艺术精益求精。他本人担任导演并亲自剪辑。《乱》比《影子武士》规模更大，气势更加恢宏。开拍之前，他就表示："我想众苍穹俯视人类所作所为的手法拍摄此片。"事实也的确如此。和他的前作《罗生门》《蛛网宫堡》一样，他大量地使用自然景色和气候现象。例如：预兆吉凶的形状各异的浓淡不同的云；明暗交错的阳光；苍茫的暮色；疾风、骤雨……；辽阔然而死气沉沉，荒凉而寥落的草原，整部片子仿佛是威力无穷的大自然俯视着这人间悲剧，谴责那愚蠢至极的骨肉相残。这种方法直到他晚年的作品《梦》《八月狂想曲》中还在运用，但已到了炉火纯青的地步了。

黑泽明学过绘画，许多影片他都是先画好图。《影子武士》画了二百张彩色画，《乱》也画了好几百张，而且都是用油画的画法画的。拍《梦》片前，黑泽明对多幅油画进行精选，随后采用按画搭景、合成、停机再拍、运用特技等手法，使绘画艺术与电影艺术巧

妙联姻。在《八月狂想曲》的结尾里：老祖母夺门而出，蹒跚着冲入暴风骤雨，紧撑雨伞，奋力向前奔去，孩子们后面猛追。忽然，一阵狂风将老妇手中的伞吹成反折，伞骨倒竖。就在这刹那间，舒伯特的名曲《野玫瑰》骤然响起——一首勾起老人美妙回忆的心曲，伴着白发飞舞的老人在水潭泥浆中不停向前的踉跄步履，夹入紧追不舍的孩子们的呼唤，组成一派天地间浑然动人心魄的气势，征服着银幕前每一位凝神注目的观众，叫人在影片结束后还坐在那里目瞪口呆，无法讲清内心的激动，也无法讲清为什么激动，犹如无法把无限循坏的小数除尽一样……这样的画面结尾，无疑是大手笔，是群山的峰巅。

六、结构凝练、节奏流畅

黑泽明的作品没有拖沓的片断，整部作品往往都非常流畅，不让观众有一时的松懈。《罗生门》用了56

个场，实拍时又删去 3 场。剧本译成中文，按版面计算才 22 000 多字，如按实际字数算，则还要低于这个数字。改编的《蛛网宫堡》，只有 86 个场景，译成中文后也只有 26 000 多字的版面。

他作品中的节奏流畅在影界也是受到交口称赞的。《罗生门》中那运动迅速、明快的画面，高反差的黑白摄影，音乐和音响效果造成的氛围，无不令人叹为观止。美国电影理论家梭罗门在《电影的观念》一书中写道："黑泽明拍摄的那些穿越森林的出色推拉镜头，也许是《罗生门》在技术方面最惊人的成就。在这以前，从来没有一台摄影机这样迅速而又巧妙地移动……《罗生门》的摄影工作乃是卓越技巧的范例。掌握这种技巧的是具有高水平的电影大师，他能够十全十美地实现每一段的美学目的。"

黑泽明的电影艺术成就是巨大的。从 60 年代后期开始到现在，基本每 5 年的时间拍一部片子。这中间的酝酿、构思，他都倾注了全部心血。这就是为什么他的作品几乎部部都是精品的原因所在。

相关链接
XIANGGUAN LIANJIE

电影《梦》

《梦》是黑泽明对梦的勾画，全片共有8个梦境，分别是：太阳雨、桃园、风雪、隧道、乌鸦、红色富士山、垂泪的魔鬼和水车之村。

电影所要表达的主题很明显的包含：祈祷世界和平、反对战争、保护自然环境。黑泽明的电影镜头很宽广，有很多长景、全景的镜头，这部电影的一大特色是色彩十分绚烂，想象力十分丰富，寓意的表达也很深刻。是一部很美丽的电影。本片在故事的整体构架上已经完全脱离了情节性因素而转入对生命的深层思考之中，使用了大量的长镜头配合卓越的视觉特效表现了梦境中的不同世界。所有的梦似乎都表现出人类迷失和不确定的主题，但本身又充满了一种绝望的缅怀。